U0484444

绿色发展通识丛书
GENERAL BOOKS OF GREEN DEVELOPMENT

如何解决能源过渡的金融难题

［法］阿兰·格兰德让　［法］米黑耶·马提尼／著
叶蔚林／译

中国文联出版社
http://www.clapnet.cn

图书在版编目（CIP）数据

如何解决能源过渡的金融难题 /（法）阿兰·格兰德让,（法）米黑耶·马提尼著；叶蔚林译. -- 北京：中国文联出版社, 2020.2
（绿色发展通识丛书 / 朱庆主编）
ISBN 978-7-5190-4254-7

Ⅰ. ①如… Ⅱ. ①阿… ②米… ③叶… Ⅲ. ①能源经济 - 研究 - 世界 Ⅳ. ①F416.2

中国版本图书馆CIP数据核字(2020)第044663号

著作权合同登记号：图字01-2018-0881
Originally published in France as:
Financer la transition énergétique: Carbone, climat et argent by Alain Grandjean & Mireille Martini
© LES EDITIONS DE L'ATELIER, 2016
Current Chinese language translation rights arranged through Divas International, Paris / 巴黎迪法国际版权代理

如何解决能源过渡的金融难题
RUHE JIEJUE NENGYUAN GUODU DE JINRONG NANTI

作　者：	[法] 阿兰·格兰德让　[法] 米黑耶·马提尼		
译　者：	叶蔚林		
		终 审 人：	朱　庆
责任编辑：	袁　靖	复 审 人：	闫　翔
责任译校：	黄黎娜	责任校对：	刘成聪
封面设计：	谭　锴	责任印制：	陈　晨

出版发行：中国文联出版社
地　　址：北京市朝阳区农展馆南里10号，100125
电　　话：010-85923076（咨询）85923092（编务）85923020（邮购）
传　　真：010-85923000（总编室），010-85923020（发行部）
网　　址：http://www.clapnet.cn　　http://www.claplus.cn
E-mail：clap@clapnet.cn　　yuanj@clapnet.cn

印　　刷：中煤（北京）印务有限公司
装　　订：中煤（北京）印务有限公司
法律顾问：北京市德鸿律师事务所王振勇律师
本书如有破损、缺页、装订错误，请与本社联系调换

开　本：720×1010	1/16
字　数：154千字	印　张：18
版　次：2020年2月第1版	印　次：2020年2月第1次印刷
书　号：ISBN 978-7-5190-4254-7	
定　价：50.00元	

版权所有　　翻印必究

"绿色发展通识丛书"总序一

洛朗·法比尤斯

1862年,维克多·雨果写道:"如果自然是天意,那么社会则是人为。"这不仅仅是一句简单的箴言,更是一声有力的号召,警醒所有政治家和公民,面对地球家园和子孙后代,他们能享有的权利,以及必须履行的义务。自然提供物质财富,社会则提供社会、道德和经济财富。前者应由后者来捍卫。

我有幸担任巴黎气候大会(COP21)的主席。大会于2015年12月落幕,并达成了一项协定,而中国的批准使这项协议变得更加有力。我们应为此祝贺,并心怀希望,因为地球的未来很大程度上受到中国的影响。对环境的关心跨越了各个学科,关乎生活的各个领域,并超越了差异。这是一种价值观,更是一种意识,需要将之唤醒、进行培养并加以维系。

四十年来(或者说第一次石油危机以来),法国出现、形成并发展了自己的环境思想。今天,公民的生态意识越来越强。众多环境组织和优秀作品推动了改变的进程,并促使创新的公共政策得到落实。法国愿成为环保之路的先行者。

2016年"中法环境月"之际,法国驻华大使馆采取了一系列措施,推动环境类书籍的出版。使馆为年轻译者组织环境主题翻译培训之后,又制作了一本书目手册,收录了法国思想界最具代表性的 40 本书籍，以供译成中文。

中国立即做出了响应。得益于中国文联出版社的积极参与，"绿色发展通识丛书"将在中国出版。丛书汇集了 40 本非虚构类作品，代表了法国对生态和环境的分析和思考。

让我们翻译、阅读并倾听这些记者、科学家、学者、政治家、哲学家和相关专家：因为他们有话要说。正因如此，我要感谢中国文联出版社，使他们的声音得以在中国传播。

中法两国受到同样信念的鼓舞，将为我们的未来尽一切努力。我衷心呼吁，继续深化这一合作，保卫我们共同的家园。

如果你心怀他人，那么这一信念将不可撼动。地球是一份馈赠和宝藏，她从不理应属于我们，她需要我们去珍惜、去与远友近邻分享、去向子孙后代传承。

2017 年 7 月 5 日

（作者为法国著名政治家，现任法国宪法委员会主席、原巴黎气候变化大会主席，曾任法国政府总理、法国国民议会议长、法国社会党第一书记、法国经济财政和工业部部长、法国外交部部长）

"绿色发展通识丛书"总序二

万钢

　　习近平总书记在中共十九大上明确提出，建设生态文明是中华民族永续发展的千年大计。必须树立和践行绿水青山就是金山银山的理念，坚持节约资源和保护环境的基本国策，像对待生命一样对待生态环境。我们要建设的现代化是人与自然和谐共生的现代化，既要创造更多物质财富和精神财富以满足人民日益增长的美好生活需要，也要提供更多优质生态产品以满足人民日益增长的优美生态环境需要。近年来，我国生态文明建设成效显著，绿色发展理念在神州大地不断深入人心，建设美丽中国已经成为13亿中国人的热切期盼和共同行动。

　　创新是引领发展的第一动力，科技创新为生态文明和美丽中国建设提供了重要支撑。多年来，经过科技界和广大科技工作者的不懈努力，我国资源环境领域的科技创新取得了长足进步，以科技手段为解决国家发展面临的瓶颈制约和人民群众关切的实际问题作出了重要贡献。太阳能光伏、风电、新能源汽车等产业的技术和规模位居世界前列，大气、水、土壤污染的治理能力和水平也有了明显提高。生态环保领域科学普及的深度和广度不断拓展，有力推动了全社会加快形成绿色、可持续的生产方式和消费模式。

推动绿色发展是构建人类命运共同体的重要内容。近年来，中国积极引导应对气候变化国际合作，得到了国际社会的广泛认同，成为全球生态文明建设的重要参与者、贡献者和引领者。这套"绿色发展通识丛书"的出版，得益于中法两国相关部门的大力支持和推动。第一辑出版的40种图书，包括法国科学家、政治家、哲学家关于生态环境的思考。后续还将陆续出版由中国的专家学者编写的生态环保、可持续发展等方面图书。特别要出版一批面向中国青少年的绘本类生态环保图书，把绿色发展的理念深深植根于广大青少年的教育之中，让"人与自然和谐共生"成为中华民族思想文化传承的重要内容。

科学技术的发展深刻地改变了人类对自然的认识，即使在科技创新迅猛发展的今天，我们仍然要思考和回答历史上先贤们曾经提出的人与自然关系问题。正在孕育兴起的新一轮科技革命和产业变革将为认识人类自身和探求自然奥秘提供新的手段和工具，如何更好地让人与自然和谐共生，我们将依靠科学技术的力量去寻找更多新的答案。

2017年10月25日

（作者为十二届全国政协副主席，致公党中央主席，科学技术部部长，中国科学技术协会主席）

"绿色发展通识丛书"总序三

铁凝

这套由中国文联出版社策划的"绿色发展通识丛书",从法国数十家出版机构引进版权并翻译成中文出版,内容包括记者、科学家、学者、政治家、哲学家和各领域的专家关于生态环境的独到思考。丛书内涵丰富亦有规模,是文联出版人践行社会责任,倡导绿色发展,推介国际环境治理先进经验,提升国人环保意识的一次有益实践。首批出版的40种图书得到了法国驻华大使馆、中国文学艺术基金会和社会各界的支持。诸位译者在共同理念的感召下辛勤工作,使中译本得以顺利面世。

中华民族"天人合一"的传统理念、人与自然和谐相处的当代追求,是我们尊重自然、顺应自然、保护自然的思想基础。在今天,"绿色发展"已经成为中国国家战略的"五大发展理念"之一。中国国家主席习近平关于"绿水青山就是金山银山"等一系列论述,关于人与自然构成"生命共同体"的思想,深刻阐释了建设生态文明是关系人民福祉、关系民族未来、造福子孙后代的大计。"绿色发展通识丛书"既表达了作者们对生态环境的分析和思考,也呼应了"绿水青山就是金山银山"的绿色发展理念。我相信,这一系列图书的出版对呼唤全民生态文明意识,推动绿色发展方式和生活方式具有十分积极的意义。

20世纪美国自然文学作家亨利·贝斯顿曾说："支撑人类生活的那些诸如尊严、美丽及诗意的古老价值就是出自大自然的灵感。它们产生于自然世界的神秘与美丽。"长期以来，为了让天更蓝、山更绿、水更清、环境更优美，为了自然和人类这互为依存的生命共同体更加健康、更加富有尊严，中国一大批文艺家发挥社会公众人物的影响力、感召力，积极投身生态文明公益事业，以自身行动引领公众善待大自然和珍爱环境的生活方式。藉此"绿色发展通识丛书"出版之际，期待我们的作家、艺术家进一步积极投身多种形式的生态文明公益活动，自觉推动全社会形成绿色发展方式和生活方式，推动"绿色发展"理念成为"地球村"的共同实践，为保护我们共同的家园做出贡献。

中华文化源远流长，世界文明同理连枝，文明因交流而多彩，文明因互鉴而丰富。在"绿色发展通识丛书"出版之际，更希望文联出版人进一步参与中法文化交流和国际文化交流与传播，扩展出版人的视野，围绕破解包括气候变化在内的人类共同难题，把中华文化中具有当代价值和世界意义的思想资源发掘出来，传播出去，为构建人类文明共同体、推进人类文明的发展进步做出应有的贡献。

珍重地球家园，机智而有效地扼制环境危机的脚步，是人类社会的共同事业。如果地球家园真正的美来自一种持续感，一种深层的生态感，一个自然有序的世界，一种整体共生的优雅，就让我们以此共勉。

2017年8月24日

（作者为中国文学艺术界联合会主席、中国作家协会主席）

目录

致谢

序言

导论（001）

第 1 章　落实能源过渡：我们必须做，也有能力做（007）

第 2 章　行动比忍耐代价小（029）

第 3 章　历史机遇：宏观财政背景（047）

第 4 章　资助过渡今后可行（074）

第 5 章　金融界和市场都不能自发回应能源过渡的资金需求（128）

第 6 章　为资助过渡而调控（166）

第 7 章　利用金融和货币杠杆将资本引向能源过渡（206）

结论（243）

后记　一切创造都是挑衅！（254）

参考文献（257）

致谢

没有大家的合作和令作者们受益匪浅的诸多交流,本书不可能诞生。作者们尤其要感谢:

- 尼古拉·于洛(Nicolas Hulot),对生态学贡献良多,是冈范和格兰德让总统委员会(la commission présidentielle Canfin-Grandjean)"气候资金动员"项目的发起者;他在很大程度上启发了本书的创作并同意为本书撰写序言;
- 帕斯卡尔·冈范(Pascal Canfin),这场历险的好伙伴,且为本书写出了热情洋溢的后记;
- 盖尔·吉罗(Gaël Giraud),他的友谊不可动摇,他的才华、创造力和社会责任感无可匹敌;
- 劳伦斯·布纳(Laurence Boone),她作为特别顾问,服务于爱丽舍宫经济事务,并协助过冈范-格兰德让总统委员会框架内的多支相关团队及所有受咨询者;
- 工作室出版社(Éditions de l'Atelier)的团队成员(贝尔纳·斯台芬、卡罗尔·洛扎诺、西里尔·皮卡尔-勒弗拉尔、安娜·朱弗),"碳4"(Carbone 4)团队成员(尤其是让-伊夫·威尔莫)以及尼古拉·于洛基金会成员,尤其是玛丽昂·科恩和德尼·华赞;
- 自然与人基金会(FNH, La Fondation Nicolas Hulot pour

la nature et l'homme）的科学理事会及其主席皮埃尔-亨利·顾永，感谢他开明的思想以及他所代表的广阔眼界；

- 塞西尔·雷努阿尔、多米尼克·布赫、弗雷德里克·波勒、多米尼克·布霍、弗朗索瓦·卡尔里埃、加布里埃尔·佳朗、让-马克·让科维奇、尼克·罗宾斯、阿代尔·特纳勋爵、于连·图阿提、伯努阿·勒盖、尼古拉·布罗、罗马里克·哥丹、克劳德·亨利、塞德里克·菲利贝尔、伯努阿·法拉克、帕特里克·克里基、弗罗朗·奥加涅尔、欧罗尔·拉吕克、让·朱泽尔、戴尔芬·巴托、杰沙贝尔·库皮-苏伯朗、巴普蒂斯特·佩里森·法贝尔、让-夏尔·乌赫卡德、米歇尔·阿耶塔、斯台芬妮·福卡尔、让·嘉德莱、皮埃尔-诺埃勒·吉罗、瓦蕾丽·马松-戴尔莫特、伊莲·勒·特诺、保罗和亨利·韦德梅尔、玛丽-安托奈特·梅里埃、劳伦斯·沙仑、蒂埃里·菲利波那、皮埃尔·贝尔特朗、马修·奥扎诺、安托万·德·拉维尼昂和吉约姆·杜瓦尔，感谢他们在许多场讨论中带来的贡献；
- 作者们的家人和朋友，尤其是让-克劳德·马提尼，感谢他的远见；米歇尔·格兰德让，感谢她的陪伴和爱；还有帕布罗·格兰德让，感谢他参与到阿兰·格兰德让的博客"人类世专栏"（Chroniques de l'anthropocène）的历险中。

作者们当然是本书立场选择及潜在错误的全权负责人，如有问题，与以上提到的任何一个人无关。

序言

这本书让我回想起2013年的那一天，我接受了法国总统特派的保护地球的任务。这项任务旨在动员全球人士针对生态危机的紧迫性发表意见，确保第21届联合国气候变化大会能够集思广益，众志成城。那一天，我回想着最近的几次非洲之旅中接触过的那些因旱涝灾害频发及海平面上升而元气大伤的社区，我决心要将资金问题作为任务中应当率先解决的难题之一。一方面，是为了向深受气候变化之苦的国家保证——它们完全不该为这样的恶果负责——发达国家将调动必要的财政资源，帮助它们解决难题；另一方面，也是为了资助我们自己经济的深化转型。于是我向法国总统倡议发起一场创新式的思考，而这项任务就交给帕斯卡尔·冈范和阿兰·格兰德让，去探索应该发明、应用和推广的那些融资工具。

这本书基于2015年6月交给总统的那份报告。它再现并说明了报告里几点主要的倡议，帮助读者更深一步理解第21届缔约方会议（COP21）中的辩论精华。因为从那之后，第21届缔约方会议（COP21）越过了那道坎。它可以让195个国家围绕着一个共同的愿望聚集起来，这个共同的愿望就是从现在起到21世纪末把气候变暖控制在2℃以内。它引导各国政府投身于低碳事业，为了达到这个目标制定路线方针，衡量并提出自己能给这项集体事业做出的贡献。一些大城市、工业家和投资人也都加入了这场运动。

在我看来，这是一个很大的进步，但是很不幸，这样仍然不够。这么多个国家的努力聚集在一起，将我们放在一个比全球目标更高的变暖轨道上，但要挽回飞箭离弦般的恶化趋势仍然太迟。此外，这些在巴黎大会上所作的约定并不具备真正的约束，若我们稍有松懈，让个体利益继续凌驾于公众利益之上，随时变卦也是易如反掌。

我很担心。气候反常推进得比生态能源过渡快多了。如果说气候危机波及全球，那么生态突变的影响范围仍然有限。我们在与历史的约会上迟到了：法国2016年春天的洪峰和水灾就是来提醒我们，气候反常已经成为现实，它会迅猛地袭来，财富和科技都不能保护我们不受影响。

我很担心行政机关和企业无法摆脱一种迷思——这种迷思恰是我们西方文化中的基石——人类比自然更优越。太多的领导人由衷地相信，终究会有一个技术解决方案来拯救我们，并不是非要改变发展道路、给我们的经济和生活方式来一个深度转型。

我也有我的确信。

这一确信源于我的一路游历，我在各处遇见那么多人做出各种创举，他们尽心竭力保护环境和生态系统，要求与大自然和谐共存。我确信,只有把眼界放远,我们的社会才能重新找到平衡与稳定。生态能源过渡就是其中一点,它能帮助国家和人民找到经济平衡点,消除不公,织出和平与团结的纽带。

这场过渡的第一步,也就是第一道需要放远的眼界,关乎金融:必须尽快资助长期投资,加强有利于环境的投资。金融界与其承受气候变暖带来的后果、进行迟到的紧急补救,不如从现在起接受生态能源过渡的挑战,努力建设更稳定、团结、持久的世界。为此,必须让金融界与生态项目运营者们近距离接触。本书志在向支持能源过渡的参与者们讲讲金融,向金融界人士讲讲能源过渡。是时候给这两个彼此陌生的领域一个对话的机会,让大家一起思考什么样的工具能够大规模且快速地引导资金流向能源过渡和公众利益。

希望读者们可以将这本书当作是对战气候危机时的一项可选工具。

尼古拉·于洛

尼古拉·于洛:自然与人基金会主席

导论

> "政治不该向经济低头，经济不应该向技术政治论的效率范式和强权低头。如今，虑及公共福祉，我们急切需要政治和经济展开对话，坚决服务于生命，尤其是人类生命。"
>
> ——《赞美你》，2015年5月24日，第189页。

世界应该紧急介入，踏上温室气体急剧减排之路。这次行动刻不容缓，它在2015年12月巴黎大会上由《联合国气候变化框架公约》（UNFCCC）195个与会国共同发起，立足于科学团体的完整研究成果，这些研究成果由跨政府气候变化委员会（IPCC）总结而成，该机构拥有毋庸置疑的权威保障。生物多样性的加速丧失也有翔实的档案证明，如今还多了"第六次物种大灭绝"这样的说法：相对一个稳定的生物多样环境（地球演化年代），物种灭绝的速度将提高50—560

倍①。它的影响幅度将堪比在地球地质学历史上留下深远印记的前 5 次生物群大灭绝时期。因此我们正在经历的是一个系统化的危机，其间交错着气候反常、生物多样性丧失、自然资源的枯竭和环境污染。

1972 年，美国物理学家丹尼斯·梅多斯（Dennis Meadows）和他率领的麻省理工学院（MIT）研究团队发表了一篇题为《增长的极限：罗马俱乐部关于人类困境的报告》(*The Limits to Growth*) 的报告，法文版（糟糕地）译为《停止增长》(*Halte à la croissance*)②。梅多斯是一位先驱；他是吸引大家注意到地球自然资源有限性的第一人：水、森林、生物多样性、化石燃料的储量都是有限的；生物圈的调节能力同样有限；工业革命以来我们所熟知的指数增长不能再无限地延续下去。梅多斯的报告里包含了一些长期预测，警示人们事情的发展有可能朝着完全崩塌的方向，而盖尔·吉罗（Gaël Giraud）正在进行的研究③

---

① 赫南·奥夫雷、马努埃尔·罗维勒：《物种灭绝和灭绝危机》，cnrs.fr。
② 德内拉·梅多斯、丹尼斯·梅多斯、乔根·兰德斯、威廉·W.贝伦斯：《增长的极限：罗马俱乐部关于人类困境的报告》，纽约，Universe Books 出版社，1972 年；《停止增长》，巴黎，法亚出版社，1973 年。
③ 盖尔·吉罗、艾玛努埃尔·包法利、弗罗朗·麦克·伊扎克、伊卡特琳娜·扎特皮娜：《面对大崩塌：全球变暖的货币宏观动力学存量-流量一致模型》，载于《法国开发署研究报告》，2016 年 8 月 29 日刊。

显示，这些预测很有可能成为事实，如果我们什么都不做的话。

确切来说，梅多斯在 1972 年预测的两种走向都符合观察到的现实：一个是预测到 2020 年会大崩盘，另一个则预见到 2050 年大崩盘。世界生产力，以国内生产总值这样的货币形式测算，在 2015 年已经下降了 5.9%[①]。难道是这场大崩盘的预兆？南极冰川融化得比预期中还要快，从现在起到 21 世纪末，这将引发海平面上升至少 2 米[②]。然而全球有超过三分之二的人口住在沿海地区。比如纽约将会沉入水下，而凭着水稻种植养育几千万人的湄公河三角洲将会被淹没。西藏雪山融化，导致长江、印度河和恒河在二三十年后每年都要经历一段干涸期[③]。玻利维亚的首都拉巴斯将会失去饮用水。温度上升会影响土壤的肥沃度。我们在欧洲所见的移民潮，一部

[①] 据国际货币基金组织（IMF）统计，全世界的国内生产总值总和从 778250 亿美元跌至 731710 亿美元，即 5.98% 的跌幅，比 2008 年金融危机时跌幅更大。但是国际货币基金组织修改了这些数据，以购买力平价来换算，让国内生产总值增加。参见国际货币基金组织：《太慢已久》,《世界经济展望》，2016 年 4 月 12 日。

[②] 克莱芒蒂娜·蒂贝热：《海平面上升将在 21 世纪末高达 2 米》，lemonde.fr，2016 年 3 月 30 日。

[③] 冰川融化速度加快，使河流短期水量增大，蒸发加剧，等到冰川消退，河流流量就会不断减少。

分起因是2007年至2010年叙利亚连年大旱;这样的移民潮将成为一种周期现象,而这涉及几千万人。波尔多①的气候再过二三十年就会变得跟塞维利亚②一样,而毕尔巴鄂③会变得跟巴黎④一样。如果我们什么都不做,一场大灾难就在前方等着我们,而且它不会等很久。

我们可以认为,在气候变化与资源稀缺化夹击之下的灾难预警,会促使人们行动。而结果却并不确定。这可能引发三种反应。首先,否认,出于防御或恐惧的反应——"说到底,我们什么都做不了"——然后变成了明哲保身:怪事那么多,不如躲在自家小花园里好好过日子吧。其次,另一种形式的否认,也就是自大:我们一定能找到解法,科技能拯救我们,明天我们会发现一种新能源和许多新技术。第三种反应是大部分经济界、金融界人士面对气候危机时的反应。主流思想受到自由主义的启发:市场是有效的,"隐形的手"时候一到就会出动,以金融参数的形式归纳出与气候有关的应变措施。投资者消息灵通,如果证券交易所的行情或者保险费没有反

---

① 法国西南部城市。
② 西班牙南部城市。
③ 西班牙北部城市。
④ 法国北部城市。

映出气候变化相关的风险，那就说明它们并不存在。一旦风险成为事实，投资者们也都能将之纳入考量。于是，资金的流向被用来对抗新的气候洗牌。换句话说，预先调控金融、使资金流向能源过渡事业，在他们看来既无用也不合理。资金流向将是本能自发的，在正确的时机。

我们确信上述假设不成立。2008年的金融危机表明，金融市场参与者们消息灵通是个虚假的神话，而金融业也躲不过这场灾难。我们认为，金融界和经济界在全球范围内的参与者们对于逐渐露头的气候预警所知甚少，而金融本身面临挑战很被动，会继续遵循"例行公事"的方案运行，迟迟不给出必要的拨款来对抗气候变暖。然而通过生态能源过渡，使世界在能源和资源的使用上变得更加节制，这件事是可行的。气候变暖和全球污染现象都是人为造成的，起因众所周知。梅多斯的那些"方案"（scenarii）里预示的经济下滑和衰落其实是可以避免的。但是唯一的办法就是大规模且快速地将资金引导到合适的地方。

因此我们将在本书中列出经济发展去碳化应该奉行的路线中的几个大方向，并且将展示出资助能源过渡并不像世人想象的那样缺乏资金来源。实际上，如今全球的宏观财政背景的特征是储蓄过剩，而投资机会匮乏。投身于能源过渡事业，就能纠正这些宏观经济失衡，重新创造就业机会。然而，金融并不会本能自发地回应能源过渡的资金需求。我们将分析如今阻碍资金流向生态能源过渡的几道主要的障碍，然后给出一些货币、银行、金融杠杆的建议，有必要就此行动起来，启动能源过渡。

金融界自从 2008 年以来就处于危机状态，正需要稳定。英格兰银行行长兼金融稳定委员会（法文缩写 CSF）[①]主席马克·卡尼（Mark Carney）承认，气候变化是金融界必须纳入考量的重大风险。然而，金融界并未充分地认识到，其实生态能源过渡是一个机会，是一条通向更优发展、更稳收益、更多产的储蓄管理的道路。我们希望本书可以做出这样一份贡献，促进能源过渡业者与金融业者之间的对话，让大家一起和谐共建明天的世界。

---

① 金融稳定委员会的英文缩写 FSB（Financial Stability Board）更为人所知，它集合了 G20 成员国的央行高层及财政部长都参与议事。

第 1 章
落实能源过渡：我们必须做，也有能力做

> "事变左右人，而非人左右事变。"
> ——希罗多德，公元前 484—公元前 420 年

约一万年前，上一个冰河时期结束，地球上的气候基本保持稳定，地球平均温度也一样，基本处于 15℃。从 1850 年起，以及工业时代伊始，化石能源燃烧剧增，释放二氧化碳，这是一种温室气体，于是全球地表平均温度升高。如今，气候反常已经被证实很危险，它的后果很可能是毁灭性的。不过尚能补救，几种解决方案众所周知，生态能源转换会将我们带入一个排放温室气体更少的世界，即使态度拘谨，我们也已就此行动起来。

气候反常：风险如今已得到证实

气候学家们越来越清楚气候偏移的机制和后果。所谓的

"巴黎"气候大会[1]于2015年12月在联合国的支持下举办，地球上的195个国家承诺，遵守科学共同体提出的目标，学会将全球平均气温较工业化[2]前水平升高控制在2℃以内。

跨政府气候变化委员会（IPCC）的工作

跨政府气候变化委员会（法文缩写Giec）[3]，在联合国（UN）和世界气象组织（WMO）帮助下于1988年成立，负责概括性地报告气候相关的科学研究。它的工作品质极高，被科学共同体中广大的主流人士认可，尽管博客圈会不时提出一些缺乏根据的尖锐批评[4]。来自各国的数千名科学家给它提交研究成果，涵盖许多学科，其中包括生物化学、数据建模、流体力学乃至古气候学。跨政府气候变化委员会已经发

---

[1] 每年，《联合国气候变化框架公约》（UNFCCC）的195个成员国在一场"缔约方会议"（COP）上齐聚。2015年12月的巴黎会议，又称第21届缔约方会议（COP21），就是这种一年一度的会议的第21届。第22届COP将于2016年11月在马拉喀什举行。

[2] 19世纪后半叶。

[3] 英文是"Intergovernmental Panel on Climate Change (IPCC)"。参见www.ipcc.ch。

[4] 可以参考的书如斯蒂芬·福卡尔（Stéphane Foucart）所著《气候民众主义.克劳德·阿雷格公司，关于法国敌人的调研》，巴黎，德诺埃出版社，2010年。

表了五个系列的报告①。发表于2013—2014年的《给决策者的摘要》为之前的报告中提供的信息进行了重新确认并予以补充,以下是里面的一些观察评估、计算数据和关键说明。

首先,一些观察评估和计算数据:

- 气候变化铁证如山:过去三十年里每十年温度递增,且都比1850年以来的其余任何一个十年更热。
- 几乎可以肯定,上层海洋(地表与地下700米之间的上层海水)在1971年与2010年间变暖,而且很可能从1870年起就已开始变暖。从1900年到2010年,平均海平面上升19厘米,原因主要是冰川融化以及升温造成的海洋扩张。
- 全球范围内最近都观测到越来越多的气候事件(反常火灾、酷暑、引发洪水的暴雨等),这些都是气候变化的"签名"。

然后是说明。这些说明基于气候模型的优化,可以研究人类活动的影响、几种可能改变气候的因子和收集到的观测数据之间的联系。对于跨政府气候变化委员会来说,目前的气候偏移主要归因于温室气体排放。

---

① 可上官网查看。

温室气体排放

主要的几种温室气体有二氧化碳、甲烷、氧化亚氮以及制冷剂（空调、冷冻等）中使用的含氟衍生物。它们被称为温室气体是因为它们在地球大气中聚集，加强了大气中原有的温室效应，导致升温。其中最主要的就是二氧化碳（CO_2），由于化石能源（煤、石油和煤气）的燃烧和人类活动导致的森林砍伐，它在地球大气中的排放量非常可观。排放到大气中的气体会部分被"碳汇"吸收，典型的"碳汇"有森林和海洋。在几十万年的过程中，地球大气中的二氧化碳浓度始终保持稳定，因为存在碳循环的平衡：排放出的二氧化碳与被吸收的二氧化碳基本持平（我们称之为"碳中和"）。自从人们越来越频繁地砍伐森林、燃烧化石燃料，排放量就超过了吸收量，于是大气中的二氧化碳浓度上升了。

目前二氧化碳排放速度约为每年500亿吨二氧化碳当量（équivalent CO_2），其中60%来自化石能源的燃烧[1]。从19世纪中叶起，人类已经排放了约2万亿吨二氧化碳，使它的气体浓度达到280ppm（百万分率），算是40万年以来比较稳定

---

[1] 跨政府气候变化委员会（IPCC）：《2014年气候变化：概括报告. 给跨政府气候变化委员会第五次评估报告的Ⅰ、Ⅱ、Ⅲ工作组贡献》，日内瓦（瑞士），2014年。

的平均水平，到 2013 年却直奔 400ppm。对于我们现有的排放量，生物圈（主要是海洋和植被）只能吸收一半多一点。

如果人类继续使温室气体排放量以指数方式增长，将会导致 21 世纪末全球平均气温较工业化前水平升高 3℃ ~ 6℃。上一个冰河时期（约两万年前），地球平均气温比现在低 5℃ 左右。为了避免在百年内让我们的地球遭受气候时期的大变迁，直到 2050 年，我们应该把温室气体排放量限制在 200 亿吨以内，接着使之下降，以在 21 世纪末达到碳中和。

意料之中的剧情

在气候偏移不可控的假设前提下，预料中气候和生态系统的冲击可以列出很长一份清单，这里只作简短的一点摘录。一部分变化已经开始，而且不可能被扭转，因为当前的这些现象都是有惯性的。比如海水升高（由于水域变暖和大陆冰川融化）就无法逆转，我们必须学会适应。现在还来得及扭转未来几百年里气候变化的影响范围，但对于接下来的几十年来说，我们的觉醒为时已晚，一系列"大麻烦"无法避免。

- 撇开本身就是由海洋动植物群严重失衡引发的海洋酸化问题不谈，与气候偏移紧密相关的那些后果也非常严重：水位升高导致洪水淹没人口众多且具备基础建设（码头、发电站、工厂）的区域，酷暑、降雨状况的改变，极端气象现象频率增高，超大规模的火灾、亚马孙森林变迁、农业产出压力（升温3℃就下降）、对于本就在世界某些区域相当薄弱的水文资源造成额外压力。

- 触及几亿人的经济悲剧和社会悲剧。
- 干旱地区和潮湿地区之间的降水量反差将加强。
- 海洋将继续变暖。高温会从海平面渗透到海底深处（水深超过700米），影响洋流，尤其是北大西洋经向环流，这将给法国的气象状况带来剧烈的冲击。
- 冰雪将继续融化，平均海水高度将继续升高。
- 气候变化也将影响碳循环（植被、海洋），并大规模增加大气中的二氧化碳。
- 事实很清楚（也有充分的档案证实），这些变化将引起巨大的冲击，冲击到生态系统和它们至今为我们提供的"免费服务"，也就是冲击到我们几乎所有的经济活动。尤其是，还要在人口统计持续增长的背景下喂饱那么多人。可以想象，比如说，居住在沿海地区的大约20亿人口（持续增长中）[1]，同时既要遭受海平面上升（将使附近的淡水混入海水变咸），又要遭受鱼类储量下降，而鱼正是他们当中很多人的主要收入来源。抑或

---

[1] 参见跨政府气候变化委员会（IPCC）：《2007年气候变化：冲击、适应和脆弱性》第6章"海岸系统和低洼地区"剑桥，剑桥大学出版社，2007年。

是，由于缺水或洪涝，农产品产量下跌；由于火灾或某些害虫活动领域扩大，庄稼损失；许多原有的种植方式跟不上气候变化。最脆弱[①]的人和群落都在南部诸国[②]（东南亚、非洲南部）以及一些人口密集的敏感地带（例如埃及的尼罗河三角洲）。

- 在欧洲，我们已经发现庄稼收成和葡萄采收季提早了很多，而洪水或火灾也比以前来得更猛烈。我们的基础设施建设（公路、铁路、发电站、电缆、产业基础建设、水处理及相关网络、一般建筑）将被更剧烈且更频发的极端气候事件削弱：我们会需要修复它们，也就是支付气候变化造成的"损失成本"。

- 受污染地区的温度会变得更高，这将提高对流层臭氧和PM 2.5[③]水平。

- 气候变暖一般来说在极地附近会比其他地方更明显，因

---

① 参见《2025年之前31%全球经济产出预测面临"高"或"极端"气候变化风险》《梅普尔克罗夫特（Maplecroft）风险地图》，maplecroft.com，2013年10月30日。

② "北部国家"和"南部国家"的说法，在这里取的不是地理意义，而是《联合国气候变化框架公约》（UNFCCC）里的意义。所谓的"北部国家"指的是签署了东京协议附件B的国家，也就是地理上的欧洲（包括俄罗斯联邦以及东欧诸国）、美国、加拿大、澳大利亚和新西兰。归属于南部国家的主要是沙特阿拉伯、韩国、阿根廷、巴西、墨西哥、南非，还有中国和印度，虽然这两个国家位于赤道以北。

③ 指直径小于2.5微米的颗粒物，经常被称为细颗粒物。

此我们不能排除西伯利亚北部永久冻土（北极地区常年冻结的土壤）中含有的巨量甲烷水合物脱气的情况，这注定会在某一未知时期引发后果更严重的变化。

即便在法国，眼下相对来说逃过了气候变化的直接冲击，但是也不要太高兴：食物链里包含了各种食材（大米、小麦、家畜口粮），如今已经在很大程度上全球化了，因此我们肯定将有必要共同应对移居现象以及重大人道主义危机。

化学能源的匮乏能否牵制住气候失控？

正如最近很多科学资料证实的那样，要履行 2℃ 的目标，我们就必须从现在起到 21 世纪末排放不超过 10000 亿吨二氧化碳[1]，也就是 3000 亿吨碳，这个数字里只涉及化石能源燃

---

[1] 根据马尔特·麦因豪森（Malte Meinhausen）等人所著《将全球变暖限制在 2℃ 以内的温室气体排放目标》（载于《自然》，第 458 期，2009 年 3 月 25 日），从现在起到 2050 年将会积累约 6000 亿吨二氧化碳，根据迈尔斯·R. 艾伦（Miles R. Allen）等人所著《累积碳排放量进军第十亿吨引起的变暖》（载于《自然》，第 458 期，2009 年 3 月 25 日），从现在起到 2050 年将会积累约 9000 亿吨二氧化碳。根据国际能源署（IEA）的《世界能源展望 2012》，在最近的一篇文章里，比尔·麦基本（Bill Mackibben）提出了一个更低的数字：5650 亿吨二氧化碳（《可持续杂志》，第 48 期，2013 年三四月刊）。根据跨政府气候变化委员会（IPCC）的报告，我们变暖上限 2℃ 的碳预算，有 66% 的概率排放 9300 亿吨二氧化碳，50% 的概率排放 10800 亿吨二氧化碳，33% 的概率排放 12300 亿吨二氧化碳。

烧。我们目前光燃烧化石能源，每年排放的二氧化碳就略微超过 300 亿吨①。以目前的进度，我们的"碳预算"将在 30 年内用光。

我们继续建造煤炭发电站，这些发电站可以维持超过 50 年，因此直到 2050 年都还会存在；我们的住所和建筑可以维持百年（而且在欧洲会消耗约 40% 的最终能源），大部分隔断方式都不太理想。全球有超过 10 亿辆车，平均每百公里消耗 8 升~9 升汽油，然而根据预算它们的消耗量需要低于 2 升；这些不可能挥一下魔杖就变出奇迹。

我们是否会受制于有限的化石能源储量？当然，化石能源储量是有限的，但是它们蕴含的碳却远远超过这 3000 亿吨碳的预算量。以石油、煤气和煤炭已被证实的剩余储量②来看，全球范围内有可能排放 29000 亿吨二氧化碳，其中超过 10000 亿吨来自石油和煤气。这些数字里还没有包括尚未被证实的储量，比如非常规的石油和煤气（砂质和沥青页岩、油

---

① 来源于跨政府气候变化委员会（IPCC）。

② 被证实的剩余储量代表的是提纯/产出比率被视为恒定在 90% 的那一部分资源。可参见如英国石油公司（BP）提供的数据，材料参考 BP 石油公司：《油储量》，见于《2015 回顾》，bp.com。

页岩）。根据国际能源署①的情报，石油和煤气的总剩余储量，包括经证实及未经证实的（技术上来说均可萃取），光是它们就对应超过 40000 亿吨二氧化碳当量的排放量，而煤炭对应的排放量则超过 300000 亿吨二氧化碳当量……因此我们应该把大部分的化石储备留在地下②，化石能源的匮乏并不能迫使我们收敛住二氧化碳的排放。

石油顶点，或者"出产停滞期"，也不能产生任何改变。我们从石油时代初期即 19 世纪 50 年代起至今已经消耗了超过一万亿桶常规石油，超过中生代起地下石油储量的三分之一。我们正在走向产量停滞的时期，目前的消耗量是每年 300 亿桶，而每年新开采的矿床出产的油都低于这个消耗量。新矿床确实也越来越难以开采；优先挖掘的矿床永远是那些最容易开采的（我们已经在尝试在海平面下 4300 米处钻井采油）。常规煤气的出产停滞期离我们也很近，将会在 21 世纪

---

① 英文是 IEA，International Energy Agency。国际能源署（IEA）创建于 1974 年，是一个汇聚了三十多个发达国家的国际组织，旨在协调能源政策。

② 去年（译注：按出版日期推算这里说的去年应该是 2015 年）1 月 8 日，一份发表于《自然》杂志的研究报告显示，只有四分之一已知且可开采的化石燃料能被有效消耗。（克里斯托夫·麦克格拉德和保罗·艾金斯：《将全球气候变暖限制在 2℃内时未使用的化石燃料地理分布》，《自然》，第 517 期，2015 年 1 月 8 日。）

中叶到来。然而我们还能使用一些非常规的碳氢化合物（尤其是页岩油、页岩气，石油公司和生态学家都很有兴趣），特别是，煤炭也很多。

煤炭可以被液化（当然这需要多消耗很多能源，但是我们可以动用核能来做这件事），来满足我们不可避免的移动需求。诱惑将会很大：燃烧这些储备，满足我们持续增长的对于大量能源的欲望，一边喂饱我们的锅炉和信息服务器，一边加重气候偏移……如果我们不能抵御这份诱惑，最终也只会让煤炭枯竭……如果那样，我们在未来的几十年里[①]就能体会到这种燃料的供应压力，并且遭遇最恶劣的状况：沉重的气候冲击，恰逢能源匮乏难以应对。然而只有拥有能源，才能脱离困境，拯救人类生命，组织人口及产业复兴，重建城市及各项设施，等等。

这个结论毋庸置疑。如今的能源消耗方式要是再不发生大转折，升温将超过2℃，而这样必要的转折直到今天也并没有在世界范围内真正启动并达到足够的规模。根据许多公认很现实的方案——每个国家都会从各自独立制定的路线出发，

[①] 煤炭资源的估算，或者更广泛来讲，所有可能形态的化石能源，常规或非常规，会有很多种不同的数据。但是在任何情况下，它们消耗量的指数增长会遭遇一个时间限制，既不是以千年为单位，也不是以世纪为单位，而是以十年为单位。

试图达到国际协商过程中设定的目标——从现在起到21世纪末，升温将不止3℃—4℃，温度最终将会扶摇直上。

科学界和非政府组织（NGO）[①]之外的人也开始认识到这种风险。2015年9月29日，英格兰银行行长兼金融稳定委员会（FSB）主席马克·卡尼在劳合社保险公司（Lloyd's）发表的一场演讲中[②]精彩地揭示了这一点。他很清楚地展示出，金融市场的参与者们（银行、保险公司、储蓄所、养老基金）正暴露于三重风险之下：有形风险（与气候反常引发的后果有关）、过渡风险（与依赖化石能源的企业股价下跌有关）、责任风险（未来的受害者们向"知情"的金融参与者们索赔）。

解决方案众所周知

这份评定很严厉，却并不会令我们一无所有，恰恰相反。我们面对的并不是一场自然灾害，而是一个人类引发的悲剧，我们明白其中的演变机制。

减少温室气体排放

要减少我们的温室气体排放，就表示要改变我们的生产

[①] 一些绿色和平组织，如世界自然基金会（WWF）或者尼古拉·于洛基金会。

[②] 参见阿兰·格兰德让：《卡尼、维勒鲁瓦·德·加洛、特纳：金融界中心的气候风险》，alaingrandjean.fr，2015年11月11日。

和消费方式,这些都能清楚地界定。生产者、消费者和公共力量,大家需要平行地共同行动起来。

从生产者的角度

- 围绕二氧化碳,解决方案分为两个流派:使用含碳少的能源进行生产和总体消耗更少的能源。后面会进一步拓展。

- 至于甲烷(CH_4),主要应减少农业中的排放,减少全球牛羊养殖数量,改善废料管理(有机产品废弃堆积会产生甲烷,通过火炬燃烧[①]或回收则有可能避免)。

- 一氧化二氮(N_2O)主要是来自含氮化肥,更优的农业操作有可能减少它的排放。

- 含氟气体(FC)专门用于制冷,必须通过制定越来越严格的法令逐步清除。

从消费者的角度

从个人的角度,怎么做?我们会计算家庭最终需求的碳足迹(也就是引导我们做出了目前的消费行为的整个生产、经销、消费过程中二氧化碳排放量的总和,法国平均每个居

[①] 就是说用火炬盆燃烧排放的烟气。

民对应的二氧化碳排放量为 10 吨多一点[1]），以及日常生活中任何产品或服务的碳足迹。碳足迹对应的是一个产品或一个服务从诞生到消亡的循环中发生的温室气体排放。如今已经有多种工具，可以只计算消费环节的碳足迹，并且减少它。

- 再比如，我们知道食物中的碳足迹占了相当大的比重（一般占总量的25%[2]），为了减少它，我们应该更少地消费红肉和乳制品（反刍类家畜会排放甲烷，而甲烷的制暖能力比二氧化碳高三十倍）。
- 我们也可以从日常交通上做起，优先选择火车而不是飞机，可能的话骑自行车，尽可能搭乘公共交通工具，降低汽车的速度，或者拼车。
- 还有可能降低取暖系统的温度，并且如果要重新装修公寓或别墅，可以借机优化住宅的隔热。

从公权机构的角度

国家有能力引领低碳战略，法国在绿色增长能源过渡法案[3]投票过后就采纳了这样的战略。准备第 21 届缔约方会议（COP21）的过程中，188 个国家确立了一个"路线"，旨在扭转

---

[1] 碳 4（Carbone 4）和法国国家统计和经济研究所（Insee）。
[2] 来自碳 4（Carbone 4）的统计数据。
[3] 2015 年 8 月 17 日第 2015-992 号法令。

未来的排放状况[①]。那几种杠杆大家都知道，但是它们也需要根据各国的特点（发展水平、能源组合[②]、城市化的现存形式、基础设施类型等）投入实用。

能源去碳化

回到二氧化碳的问题，首先说说我们使用能源排放的二氧化碳。按世界平均水平，每油当量吨（Tep）的一次能源会排放2.5吨二氧化碳。一次能源是天然状态不经加工转换就投入使用的能源（如原油），不同于二次能源（énergie finale）需要某种一次能源经过加工转换得出（如电）。在我们的地球上，每个居民平均消耗1.8油当量吨，不同国家之间差异很大（美洲为8，欧洲为4，贫穷国家低于1）。最多升温2℃的指标方针就意味着在2050年我们的居民人均能耗不高于现在的水平（但是届时世界人口将在90亿～100亿之间），而每油当量吨不能排放超过0.5～0.6吨二氧化碳。也就是说相比于今天的水平要除以5。

这表示富裕国家必须降低能耗（因为贫穷国家和新兴国

[①] 参见可持续发展及国际关系学院（Iddri, Institut du développement durable et des relations internationales）：《巴黎协议评估：与Iddri眼中10个成功准则的对比》，blog-iddri.org，2016年1月29日。

[②] 能源组合的说法指的是分配不同的未加工能源（或者说"一次能源"）——核能、煤炭、煤气、石油——用于生产不同类型的消耗能源（其中包括电）。

家的消耗量会提升），全球要在能源生产的过程中进行去碳化。实际上，现在80%的能源生产来源于化石燃料，燃烧过程会大量排放二氧化碳。因此在接下来的几十年里，我们要摆脱化石能源，开发低碳能源，而这也只能逐步推进。

煤炭

短期内的紧要任务是限制对于煤炭的依赖（全部发电能源中有40%是煤炭），然后逐步取消它，除了那些有采集、存放二氧化碳设备的发电站。这些设备可以从燃烧产生的烟雾中采集二氧化碳，然后将之存放于地下某处（含水层[①]或石油、煤气的古老矿床），以避免排放到大气中。这在技术上是可行的，因为还存在多种能源可以低碳发电（柴火、水力、太阳能、风能、核能等）。现在面临的主要是经济上的挑战：如何组织叫停煤炭这一目前最便宜的能源方案？如何组织关闭并拆毁现有的几千家发电站？

石油

石油是第二个挑战。用于大楼和住宅取暖的部分[②]，很容

[①] 含水层是一种多孔、有渗透性的岩层，它能集中存放一定量的水或气。

[②] 在法国，300万住宅仍不具备燃油取暖系统（来源：碳4）。

易找到替代品（低碳发电时可借助柴火、地热、热泵）。在交通运输领域，石油始终保持着几乎独一无二的能源地位，因此去碳化主要是越来越多地借助于我们之前提到的"软交通"（步行、自行车、电动自行车），降低道路和高速公路上的车速（以促进安全状况良好的轻型车的开发），提高发动机能源效率，开发新型机动化（混合型、可再充电混合型、电气混合型），利用铁路电车交通（适用于低碳发电的国家）。还应优先共享交通工具，降低单个乘客的耗能，让公交汽车和其他各种公交方式遍布一切可能且合适的地方。实际上也存在一些困难，比如不可能让郊区像巴黎一样铺满公共交通网络。而从另一方面来讲，在这些郊区有可能且有希望开发一些线路，与现有的地铁站、火车站相连。

源于化石的甲烷

一段时间后，也需要降低源于化石的甲烷量，或者仅在配有采集和存储碳的设备前提下才可使用。化石燃气只能是一种过渡能源，因为燃烧它会排放二氧化碳，而且它的储量并非无穷无尽。而生物甲烷来源于发酵产物的回收（如粪便），是值得开发的，就像其他所有可再生能源一样。

开发去碳能源

在降低化石能源消耗的同时，我们应该继续开发去碳能源：可再生能源（水力发电、太阳能、风能、生物甲烷、地热、水能）；还有，在政治上、技术上和财政上都可纳入考虑的地方，可以尝试核能。可再生能源近几年来有了可观的进步，相对于它们的竞品化石能源也开始变得强势起来。可再生能源的开发已经是必然，目前投资已超过 2700 亿美元[①]，如果碳价提升及适用资助机制到位，可再生能源的开发将得到加速和促进（参见第 7 章）。

叫停森林砍伐

在气候问题和生物多样性问题的边界上，还有一个挑战：我们排放的温室气体中有 11% 是由于森林砍伐和土地分区的改变（比如从一种存碳多的习俗变成存碳少的习俗，为了生产棕榈油和纸浆而砍伐森林）。接下来的几年里必须叫停森林砍伐，在某些沙漠化的地区要修复并重获生物量，这意味着要出台一些综合性政策，也就是要囊括多种维度上需要处理的问题（经济、社会和生态），其中可支配水资源的问题应该作为所有解决方案的重中之重来考虑。

[①] 联合国环境署（UNEP）：《可再生能源全球趋势 2016》，fs-unep-centre.org，参见第 12 页和第 79 页。

过渡已经启动

要采取的战略从大方向来讲相当明了，毕竟气候变暖的原因很清楚。直到最近，这些战略得到更多提及，而并未真正落实，这里面有很多阻碍因子，它们会逐渐让位。

近期的真实进展

第一，替代性的技术不一定是可行的，或者说在经济条件较差的情况下行不通。如今却远不是这样：可再生能源越来越富于竞争力，我们会建设耗能低的住宅，并且成本与能源利用率低的住宅差不多，企业家们生产出的汽车，二氧化碳排放量越来越低，等等。

第二，气候变暖不久前仍遭到强烈质疑，甚至是彻底否认这个事实，这很明显会让旨在限制气候变暖的政策（有时是强制性政策）难以得到采纳。《巴黎协定》说明在这个问题上有了长足的进步，哪怕在某些国家比如美国，依然固执地否认气候变暖的事实。

第三，能源过渡意味着改变习惯乃至改变反射，并且我们知道这个过程又艰难又漫长。然而我们已经可以看到变化，其中最具说服力的就是我们和汽车的关系。欧洲长途拼车网（BlaBlaCar）——拼车界的先锋，就是一个共享经济的成功案例，共享一个原本是个人私有的空间——私家车。虽然这比某些人想象中或者希望中需要投入更大的资本，但是共享经济可以成为改善物质资本利用方式的一个方向，从而降低服务提供过程中的碳足迹。尽管日益增多的信息化需求本身就会耗能并且排放碳。

1960年起,世界范围内二氧化碳排放量不如国内生产总值增长得快(见图1-1)

尽管过渡已经启动，还是很有必要牢记几项挑战。如果我们希望温室气体排放剧减的目标达成的同时也能追求发展的目标，就必须实现国内生产总值（GDP）与排放温室气体的内容的一个大的拆分，也就是说做到让经济和社会持续发展，同时使温室气体排放下降。

如果我们只使用化石能源，20世纪60年代世界国内生产总值的碳密度，为每1美元购买力平价对应1000克二氧化碳[①]。这表示1美元的国内生产总值（以1美元在美国的购买力换算所有国家的国内生产总值）能产生1000克二氧化碳。在21世纪初，碳密度约为500克二氧化碳。2010年，碳密

[①] 以购买力平价（PPP）换算的国内生产总值就是将国内生产总值根据购买力平价的汇率换算成以当期国际元为单位的数值。1国际元在报告国具有的购买力，与1美元在美国的购买力相等。这些以购买力平价计算出的数值提出了一系列的惯例，是存在争议的。但是这并不影响此处由碳密度计算而推导出的总体趋势。

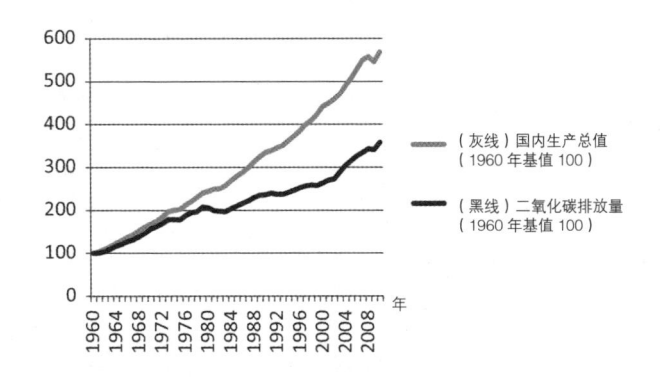

图 1-1 1960 年起二氧化碳 / 国内生产总值分岔图

度为每 1 美元购买力平价对应 400 克二氧化碳。如果我们的目标是从现在起到 2050 年世界每年经济增长在 2% ~ 3%[1]，那么碳密度就不能超过 40 克 ~ 60 克二氧化碳，也就是说世界国内生产总值的碳密度要除以 6 ~ 10 的系数才行[2]。

经济去碳化的苗头已经开始显现。二氧化碳排放量在 2014 年保持稳定，而国内生产总值则增长了 3%。

但是经济去碳化和排放量的下降应该加大力度，好让气候变暖从现在起到 21 世纪末低于 2℃，正如我们在图 1-2 中看到的那样。

---

[1] 这能让贫困人群生活水平略有提升。
[2] 碳 4。

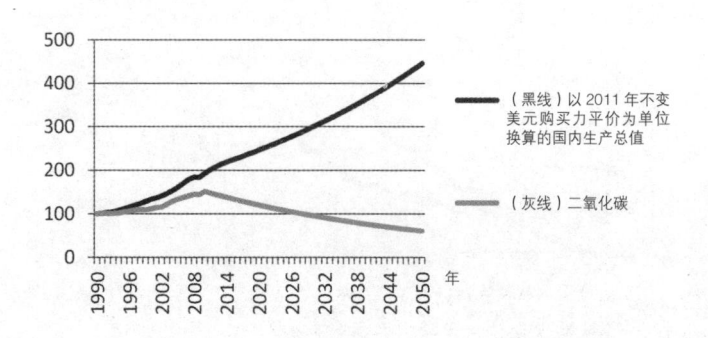

图 1-2 假设 2010 年到 2050 年世界经济每年增长 2%

可以清楚地看到，一个这样的拆分只通过节能杠杆，也就是说只在日常工业和经济组织上减少能耗，是不可能达到的。我们正处于一个能源需求暴增的时代：1990 年起增加 50%，后面的 15 年里约增加 30%[①]。更加节约能源只能让我们少排放几个百分比的温室气体。往低碳经济过渡已经迈出来第一步，但是还有更艰难的步骤有待完成：发达国家和发展中国家应该在我们的社会经济模型中引入许多重大变革。

---

① 来源：国际能源署（IEA）。

第 2 章
行动比忍耐代价小

"现在分娩未来。"

——伏尔泰

我们前面已经提到,从现在起到 2100 年,如果气候变暖超过 2℃,会对生态系统和大自然目前为止为我们提供的免费服务带来哪些冲击。这些冲击中有一部分已经开始实体化,从山中避暑地冰雪消失,到欧洲北部及美国的洪涝和暴风雨,加拿大的超大规模火灾,更不能忘记那些难民,先被旱灾和沙漠化赶出家乡,又迎来跟气候变暖不无关系的战争,战火蔓延到接受他们的都市中心。尽管这些后果影响范围很广,但那时很多经济学家很久以来都辩护说投资限制这个趋势代价太高,是白白浪费。按照他们的说法,经济增长将能让承受这些后果的人(在未来)有资本应对,比我们(现在)的方案代价小。要如何看待这种姿态?

不作为的代价

多亏了著名经济学家尼古拉斯·斯特恩（Nicholas Stern 世界银行前首席经济学家，英国首相托尼·布莱尔的顾问），率先将全世界的注意力吸引过来，让大家明白，不作为将会付出昂贵的代价。2006 年，他发表了一份报告，里面估算了气候变化的成本：

如果我们不行动，全球气候变化引起的成本和风险将相当于从今天起世界国内生产总值每年至少下降 5%，并一直无限延续。如果我们从更广的层面上认识到风险和后果，预估损失将占到国内生产总值 20% 乃至更多。相反，行动的代价，学会降低温室气体排放，以避免气候变化带来更糟糕的后果，可能控制在每年只占国内生产总值 1% 左右[1]。

这份报告在经济学界启发了很多后续的补充性研究，这当然是很好理解的。在一个大量不确定性共存的背景下，自然需要做出许多假设。

计算未来

斯特恩报告中提出的基本问题之一就是：如何在经济上

---

[1] 斯特恩报告里的结论出现在国家天文台关于气候变暖效应的报告里，法国环境、能源和海洋事务部，2007 年 7 月 29 日，第 11 页。

评估长期产生的效应,又如何累加接下来几年内将产生的效应以及再过五十年甚至更长时间产生的效应?为了回答这个问题,经济学家们养成了一个习惯,使用贴现率理论,将未来花销或收到的金额换算成现在的价值。贴现率为零就表示现在和未来的价值相当,高贴现率则会使未来不堪重负,赋予现在更多价值。尼古拉斯·斯特恩因为伦理原因选择了一个相当低的贴现率,这使他为人诟病,因为这是在顺着他自己的主张表述说[1]。

贴现率

贴现率是让金融计算里加入时间要素的一种主要参数。它和利率的概念有关,也就是说一笔投资在一段时间里能带来的金额。

当我们投下一笔钱,我们会在未来收到一定的倍数。将一笔钱贴现,就是思考同样的行为,却是朝着相反的方向,在时间上逆推:未来收到的现金流,现在的价值是多少?

· 时间顺序:钱投下去

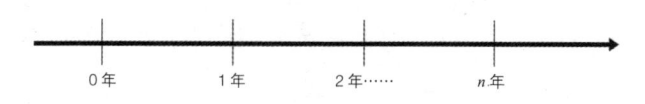

```
0年    1年    2年……    n年
```

---

[1] 参见奥利维耶·戈达尔(Olivier Godard)的一篇文章,里面提到了这个论战:"斯特恩关于气候变化经济的报告是不是一种对于经济方法论的粗劣操纵?",《政治经济学杂志》,第4期,117册,2007年。

· 时间逆序：贴现未来收到的钱，换算成现在的价值

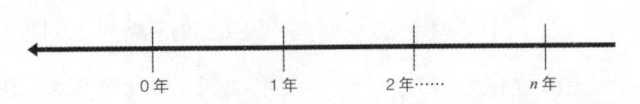

```
0年    1年    2年……    n年
```

假设一年投资回报率为10%。第0年投下100欧元，将会在不同的期限里带来如下的金额：

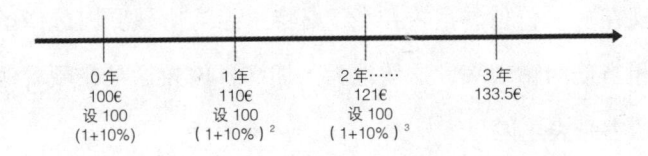

```
0年           1年            2年……         3年
100€          110€           121€          133.5€
设100         设100          设100
(1+10%)      (1+10%)$^2$    (1+10%)$^3$
```

每年贴现率为10%，一年后收到的110欧元的现值为100欧元，这也是两年后收到的121欧元的现值。

贴现未来现金流，贴现率10%：

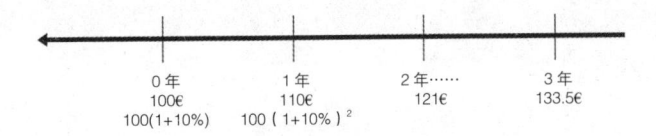

```
0年              1年                2年……     3年
100€             110€               121€      133.5€
100(1+10%)       100(1+10%)$^2$
```

因此未来现金流的现值取决于选定的贴现率。例如，1年后的110欧元，如果选定的贴现率为7%，现值是103欧元［103=110/(1+7%)］；如果选定的贴现率是15%，现值是96欧元［96=110/(1+15%)］。这个算法告诉我们，选定的贴现率越高，未来现金流代表的现值越低。

当一名经济代理（投资人、国家、个人等）希望贴现他将在未来收到的钱，他应该使用这笔钱给他带来的收益率（他的投资回报率）。目前，当法国政府着手贴现率计算时，

比如在公共投资的机会研究领域，使用的比率是2%～3%。个人投资者一般能在他们的投资中获得更高的收益率，通常会使用5%～15%的贴现率来贴现他们的未来现金流，这要视他们各自的情况而定。

不管怎么说，信号已经传递出去，越来越多的参与者试图计算不作为的代价。我们当然可以惋惜我们的社会在选择上明显被经济学理论过度引导，但是正因为这样，才更要努力展示出，如果我们什么都不做，气候变化会带来怎样的经济和金融冲击。

相反，我们也会哀叹，还有很多参与者仍未意识到气候变化的经济后果。2014年美国保险主管部门发起的一项研究表明[①]，九成的公司没有气候变化预测系统，这同时意味着我们对于潜在的成本估价甚少。保险公司更关心一些直接威胁的计算，比如网络风险。

气候反常的代价

我们在这里并不会罗列出所有的这类研究，只挑选一些例子，唯一的目的就是展示出我们提到的那些代价始终都能

---

① Ceres:《保险公司气候风险公开调查报告&评估：2014发现和推荐》，ceres.org，2014年10月。

量化成巨款。这些研究并不总能给出一个世界经济的总体结果，这本身就很难评估（这是尼古拉斯·斯特恩的野心）。

- 2013年，世界银行敲响警钟，自然灾害的代价将和气候变化一起上涨。它的报告[1]指出，1980年到2012年间，自然灾害已经使250万人丧生，耗费了38000亿美元，主要是发展中国家的国内生产总值受到气候现象的重创。

- 哪怕在野心范围内，预测演练遇到的困难也是真实的，尤其是在人口密集的工业化区域，各种后果是接二连三的。因此2011年的泰国大洪水引起的工业供给链损失估计有150亿～200亿美元[2]。光是在美国，自然灾害将摧毁价值2500亿～5000亿美元的沿海房地产[3]。

- 《经济学人》2015年夏季发表的一项研究中计算了全球范围内气候变化给世界机构投资者（银行除外）手头的金融资产带来的预估冲击。总计估值有143万亿美元，截止到2100年的平均损失，根据不同气候变暖方案，将会如表2-1所示。

---

[1] 世界银行：《建立弹性：将气候和灾害融入投资——世界银行团队经验：主要报告》，2013年11月18日。

[2] Ceres：《保险公司气候风险公开调查报告&评估：2014发现和推荐》，ceres.org，2014年10月。

[3] 同上。

不作为的代价

表 2-1 气温升高与投资损失的关系

（以万亿美元计）

	平均	升温 5℃	升温 6℃
气候变化相关损失			
个人投资者的现值（贴现率 5.5%）	4.2	7.2	13.8
国家的现值（贴现率 3.8%）	13.9	18.4	43
如果升温限制在 2℃以内，损失下降的比率			
个人投资者角度	50%	63%	76%
国家角度	57%	71%	85%

来源：《经济学人智库》，《不作为的代价：认识气候变化的风险估值》，2015 年。

这些估算是基于一个全球股市统计的方案，里面考虑到含碳资产的下跌、没有保护性投资的情况下自然灾害带来的损失，以及与生产力低下、经济动乱相关的全球经济增长变缓。这里面没有考虑到其他可能但是难以量化的方案，如生物多样性损失和人类健康威胁。

作为比较，4.2 万亿美元是预估最低平均损失，相当于所有上市的燃油煤气公司股票资产或者日本的国内生产总值。预估最高平均损失为 43 万亿美元或者目前证券规模的三分之一左右，也就是半个全球股票资产（70万亿美元）。

如果气温升高能够控制在2℃以内，潜在损失金额将减半。最受影响的是"实体"领域：基础建设、房地产、森林业、农业。

这些数字清楚地表明，未来退休金的价值受到气候变化的威胁。换句话说，一切没有将这个问题纳入预测范围的养老基金经理都失职且不够谨慎。然而，在缺乏强制性法令的情况下，至今只有7%的资产经理和10%的保险公司（在美国）会在他们的证券里计算碳足迹。法国在2015年5月推行改革，制定第173条能源过渡法令，迫使法国机构投资者在报表中告知气候风险及碳足迹。稍后我们会更深入地谈谈目前在这个问题上的演进。

- 上一份提到不作为的代价的报告是2015年9月为美国大银行——花旗银行所做。在2.5℃的方案里，损失将达到44万亿美元，也就是世界国内生产总值的1.1%。如果是4.5℃以上，损失将达到72万亿美元，也就是世界国内生产总值的2.5%[1]。

我们可以从所有这些计算中得到两条简单的结论：一方面，气候变化效应的代价以万亿计；另一方面，它是随着我

---

[1] 花旗全球展望&解决方案：《能源达尔文主义Ⅱ：为何一个低碳的未来不需要花费天价》，2015年8月。

们预测到的升温以指数形式增长。这也符合气候模型得出的结果，气候变化的冲击与升温并不是线性关系，而是随着它呈指数增长。

行动的成本

七个国家在 2013 年齐聚，组成了世界经济和气候委员会[①]，计划发展出一个智囊团——新气候经济（NCE），这个智囊团会提出一些建议，帮助政府和民间参与者们做出最优决定，对抗变暖，同时使经济继续发展。

为经济去碳化谱写的新气候经济（NCE）方案

该委员会主席是菲利佩·卡尔德隆(Felipe Calderón)，他在 2006 年到 2012 年之间任墨西哥总统，还有尼古拉斯·斯特恩，他在 2014 年发表了具有指导意义的报告：《新气候经济．更好的增长，更好的气候》[②]。这项研究成果广泛地请教了一些院校和政府团队，是一个重要参考，因为它在几条主线上提供了一个整体性、世界性的量化视角。美中不足的是，

[①] 世界经济和气候委员会在七国政府要求下成立：英国、瑞典、哥伦比亚、埃塞俄比亚、印度尼西亚、韩国和挪威。

[②] 世界经济和气候委员会：《新气候经济．更好的增长，更好的气候》，巴黎，清晨出版社，2015 年。

它仍然限于泛泛而谈。给出的建议应该进一步提炼，贴合各国和当地的情况。在此重拾这份报告里赢得我们赞同的一些主要内容。

鼓励紧凑城市

全球人口有一半目前生活在城市里。从现在起到2050年，全球城市人口增长了25亿人，达到全人口的三分之二。在未来的35年里，3亿到4亿中国人将城市化。城市基础建设（楼房、交通网络、数据网络、水网、电网、垃圾处理网络等）需要巨大的建设成本，也有非常长的生命。如今的城市规划会在很长一段时间里决定21世纪的温室气体走向。它也决定了可耕种土地的消失速度（随之带来的结果就是碳出仓）以及对于特大城市供应链非常必要的农业组织形式。人口多的那些城市，尤其是可能被淹没的那些沿海城市，气候变化造成的损失风险会在那里倍增。

这里的关键概念是紧凑城市。为了说明这一点，新气候经济（NCE）报告对比了美国的亚特兰大和西班牙的巴塞罗那。两个城市的平均生活水平和人口都相当（530万居民），但是密度不一样。亚特兰大实际上占地4300平方公里，遍地是分散的独立房屋建筑形式，靠着私家汽车组织起来，而巴塞罗那只有162平方公里，有着高楼和公共交通系统。在亚特兰大，公共和私人交通上每个居民每年排放7.2吨二氧化碳；在巴塞罗那，排放量只有前者的十分之一……为了减少二氧化碳排放量，必须鼓励新型城市开发，变得像巴塞罗那这么"紧凑"。因此，一个有组织、有结构的城市增长规划应该可以减少新城市的碳冲击以及都市基础建设成本。

重造森林

约有四分之一的世界农业用地遭到严重毁坏。气候变化更换了水文和气象模型，使农业用地和水产储备遭到威胁。森林砍伐净值（森林砍伐减森林重造的差值）本身就造成了11%全球温室气体排放量。相反，许多实验性造林尝试，小范围和大范围（如中国的黄土高原），都获得了成功，使得森林和生态系统能够很快重建起来。因此，关键就是要重造森林，以创造更多碳汇。要在对抗变暖的战斗中争取到更多时间，这是很基本的一步。

REDD+ 项目[1]主要是让发达国家资助森林重造，对温室气体问题产生一个正向的冲击。在巴西、哥斯达黎加和韩国，它已经给出了令人满意的结果，不过行动还应进一步扩展。这是各种国际气候会议需要反复经历的挑战。

---

[1] 减少因森林砍伐和森林退化引起的排放，这是联合国2008年实施的一个森林保护国际项目，基于二氧化碳排放产生冲击的资产负债表。

给所有能源媒介去碳

这表示要对可再生能源及有助开发可再生能源的基础设施进行大量投资。2010年平均每发1度电排放680克二氧化碳。要将这个碳密度除以10，才能勉强在2050年达到每度电排放65克二氧化碳的指标[①]。

- 正如我们所见，我们正在经历一个能源需求强烈增长的时期：1990年来增加50%，接下来的15年里约增加30%。要满足这个需求，需要大量投资，约为45万亿美元。要知道能源生产占世界温室气体排放量的三分之二，因此这些投资如何落实对气候来讲是一个很关键的挑战。

  发达国家的一个根本主题是改善资源效率，以更有效地利用能源。提取、一次加工过程中的能源消耗可以在每个单位、每个领域以及整个工业里减少。尤其交通领域可以大量去碳化，通过努力改善所有交通工具——从私家车到飞机和超大型油轮——的能源效率和碳效率，加大交通工具的满载率，发展集体交通的基础设施建设，控制商品物流。

- 煤炭作为碳排放量最高的化石能源，仍然为全世界生产

---

① 世界银行集团：《去碳发展：通往零碳未来的三步走》，2015年。

着41%的电。它产生的大气污染引起的损失非常可观。大气污染会造成死亡成本。因此，要减少二氧化碳排放，就要优先降低煤炭消耗。

- 可再生能源（大小规模的水电、风能、太阳能等）已经进入了大规模开发阶段。总体来讲，碳排放非常少的能源可以成为满足我们未来能源需求的基本能源。不过要让发电系统的网络和规划适应这些不同的能源生产，还是需要付出一些成本。
- 最后，能源使用增长的一部分应该电气化。根据国际能源署（IEA）的说法，走与2040年气温升高2℃的目标兼容的路线就意味着在能源组合里将电的比重从现在的18%提高到24%，并将这样的电气化坚持下去，并同步降低化石能源的比重[1]。这意味着需要技术变化和组织变化。

经济去碳化并不比保持现状耗资多

为了大致展示出上面提到的低碳方案，新气候经济（NCE）的报告计算了2015—2030年这段时期内需要实现的投资。总金额高达93万亿美元，这个数字还不包括所谓的适

---

[1] 国际能源署（IEA）：《世界能源展望2015》。

应成本，也就是用于避免气候变化造成损失（飓风、洪水等）的投资。似乎是一大笔钱：确实，发达国家由于战后投资需要更新，资金需求量巨大，而随着越来越多的国家走上发展道路，发展中国家也是同理。但是世界经济和气候委员会的工作就是要表明，这个低碳项目投资只是略高于不降低排放量而产生的可预见投入，确切来讲，在接下来的15年里会增加4万亿美元，也就是4.5%的超额。这一点显然打破了成见，或者说某些演讲的言下之意，根据他们的说法，能源过渡在经济紧缩的背景下意味着一笔无法想象的额外开销。我们需要强调的是，在政策无变化的情况下，投资的导向很容易产生额外的排放量，从目前大气中的温室气体存量已经可以预测出，为了对抗气候变化，需要付出非常可观的代价。所以新气候经济（NCE）报告计算的达89万亿美元的"气候不变化"方案是纯理论性的：如果什么都不做，新投资和适应成本的总额绝对会超过93万亿美元，而那93万亿美元就可以将从现在起到21世纪末的气温升高限制在2℃以内。

这样就很容易理解为何低碳投资方案相对于气候不变化方案的资金超额微不足道。花在能源效率和新技术上的额外投资成本基本可以被更少的化石能源投资和更紧凑的城市化的节约布局所抵消，总结见图2-1、表2-2。

```
以万亿 2010 年定值美元计
         +9G$   +5G$   -6G$          -3G$   93G$
                            -0,3G$
89G$


低碳方案  方案能源  紧凑城市  低碳技术  更少传输  基础方案  更少化石
         效率基础  产生的节            流通成本           能源投资
         建设      约布局
```

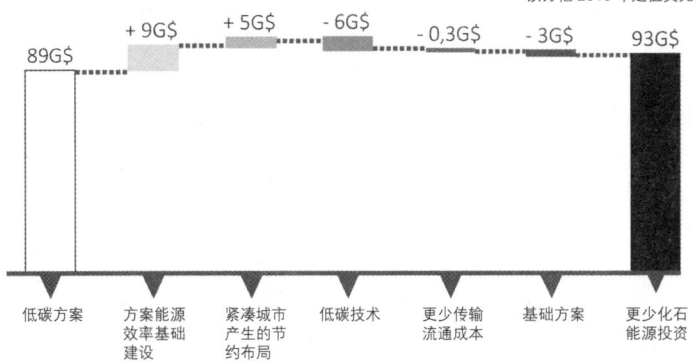

图 2-1 2015—2030 年世界投资需求

来源：新气候经济：《低碳方案的基础建设投资需求》，技术笔记，2014 年 11 月。

表 2-2 也说明了"无变化"投资和低碳投资的主要去处，由世界经济和气候委员会为接下来的 15 年进行建模。

表 2-2 新气候经济（NCE）方案和低碳方案分项目成本明细

基础方案		
分类	金额（G$）	事项
水和排污	21.34	城乡基础建设需求：水供应链和废弃物处理。用于处理的网络和站点
能源	14.06	陆路运输和交通工具（飞机、轮船、低碳火车）设置成本
非公路交通	7.47	新建和维护：轨道（4.69）、机场（2.08）、码头（2.7）

分类	万亿美元	事项
公路交通	6.2	新建和维护
能源——来自化石	11.55	石油（7.14），包括勘探、精炼和运输；煤气（4.41），包括勘探和投资液化天然气
能源——产电	5.78	化石能源（石油、煤气、煤炭）发电，可再生发电，核能发电。碳和生物燃料的收集和存储
能源——电网	4.32	输送和分发
能源——煤炭	0.97	提纯投资
能源——建筑的能源效率	5.83	供暖及空调系统
能源——工业能源效率	3.95	五大最吃能源的工业领域的能源效率：化学和石油化工、钢、纸、水泥、铝
电信	7.14	用于数据传输的固定设备和移动设备
总计	88.6	

低碳方案的额外成本		
分类	万亿美元	事项
更少化石能源投资	−5.7	需求更少，提取和精炼投资相应下降
低碳技术	4.7	为发挥低碳技术的额外投资：碳收集和存储（CCS）、生物燃料和核能

更少输送分发成本	−0.3	耗电更少
能源效率基础建设	8.8	建筑效率、工业效率、交通电动化效率方面的额外投资
紧凑城市产生的节约布局	−3.4	更实惠的城市基础设施建设
总计	4.1	

来源：米黑耶·马提尼根据新气候经济，《低碳方案的基础建设投资需求》，技术笔记，2014年11月。

所以有了新气候经济（NCE）的这份报告，我们就有了一张经济去碳化的全球路线图，其中的方向和计算都通过了国际共同体的有效认证。这张路线图完全顺应发展目标以及发展中国家的增长预测。困难的并不是了解应该走向何方，而是把政策的巨大变化融入每一层级——业界、地区、省、全国——并从战略、财政和预算的角度将它们一一落实。正如我们接下来要展开来讲的一样，困难的也不是接下来15年里每年必须找到大约6万亿美元的投资，钱是有的，但是应该相对于目前的用法进行一番重新引导。

这张路线图赋予设备投资和基础建设一个很重要的角色。对抗气候变化的战斗中的参与者们都很清楚，与实现改变同样必要的是使大家敏感地意识到这个问题并展开培训。还需要有一些成功的当地计划，它们将给日常难题带来具体的解决方案，同时产生一些气候上的"附加福利"。为了说明这一点，让我们来援引非洲中部森林管理人员培训的一个支持计划，以及湄公河盆地水文状态和资源及风险管理知识强化计划①。

最后，让我们别忽略一件事，我们展示的那些数字是以一个主要假设为基础的。为了达到碳中和，也就是21世纪末来临之前需要达到的终点线，我们必须彻底断绝提取、加工、消耗、抛弃的线性逻辑。碳中和意味着我们在资源节约上要经历一番重大努力，只有过渡到循环经济，在减少废弃物的基础上实现资源和回收的循环，方能成功。

---

① 参见法国开发署（AFD）：《气候：法国开发署解决方案的世界游记》，计划表，2015年1月，第12页。

第 3 章
历史机遇：宏观财政背景

> "归根结底，实体经济问题和能源并不是对立的，比如说它可以使生产改善变得更多样，让企业更好地运作，让中小型企业发展起来并创造就业。"
>
> ——《赞美你》

2008年的股灾过后，全球经济发达地区的金融局势很特别，从某些角度来讲"闻所未闻"。根据目前找到的历史数据，西欧利率创文艺复兴以来最低。面临着投资无法回本的可能，这些投资大多数是主权债券，近期发行率又特别低，机构投资者（保险公司和退休金投资基金）开始关注长期投资。主要的中央银行实行货币政策，其适用标度历史中从未使用过。这是为了重振投资、信贷，制造通货膨胀（适度通胀率在2%左右）。实际上，持续的经济危机下，尤其是在欧洲，转入通货紧缩的风险会始终笼罩。

因此，通过能源过渡需要的大规模投资重新推动经济发展应该是可能（充足的储蓄、投资者的需求）而且时机合适的（低利率、避免通货紧缩的必要性）。然而，这种行为不会自发地启动。世界经济目前的构造中存在两道阻碍。首先，债务水平和财政赤字被认为很高（尤其是给主权债券投资者提供建议的征信机构会这么认为），这阻止了通过公共投资重振经济，尤其在欧洲。然后是国际货币秩序，它会阻碍发达国家储蓄流向货币大多不可兑换的发展中国家。

投资的利好时机

全球的经济发达国家如今处于一种奇特的境地。2008年的股灾使他们陷入深邃而持久的危机，对于很多人来说钱变得更稀有了：企业和家庭的经济困难、信贷紧缺等。与此同时，金融资源很充足，因此并不是资金匮乏阻碍了投资，接下来我们可以一起来看一下。

充足的储蓄

经济发达国家的储蓄[①]始终非常可观。我们估测,全世界的保险公司和养老基金经手资金超过 100 万亿美元。在经济合作与发展组织(OECD)的成员国里,每年储蓄的现金流占国内生产总值的 15%,也就是 7 万亿美元[②]。在法国,家庭储蓄率平均占可支配净收入的 15%,其中拨出 9% 给住房,6% 给金融储蓄[③]。注意退休金定期强制缴费没有被法国国家统计局(Insee)归入储蓄的概念里,因为这些缴费是根据工资水平从源头上抽取的。

经济发达国家的募款和储蓄管理系统随着时间推移有了发展和改善,很多发展中国家并没有这种系统。

---

① 储蓄的定义是家庭可支配收入没有用于最终消费支出的那一部分。根据法国国家统计和经济研究所(Insee)的说法,家庭最终消费支出包括居民家庭为换取满足他们需求的商品和服务而实现的有效支出。相应的产品不是用于储存,而是被认为在购买的一刻就已消耗,即便它们可以用很长时间(汽车、家用电器、家具等)。家庭最终消费支出包括扣除可能的补贴之后需要家庭承担的那一部分医疗支出、教育支出和住房支出。家庭最终消费支出还包括虚拟房租(loyers imputés),即房东以自有住房为自己提供租房服务并虚拟地给自己付款。

② 经济合作与发展组织(OECD):《OECD 经济展望》,第 95 期,2014 年 5 月。

③ 法国国家统计和经济研究所(Insee)。

退休和储蓄：注意不同系统的冲击

发达国家有两种截然不同的退休金系统。在法国和德国，退休金系统主要通过分配的方式运转，而在以英式做法为主的国家，退休金系统通过积蓄资本化的方式运作。

在法式分配系统下，要定期缴费到退休金管理机构，这构成了"共有存钱罐"：缴费者会得到积分，某一时间点的分值取决于退休金管理机构的可支配现金，再除以获取退休金的人数。

在积蓄资本化的系统下，会员缴纳的费用会被放进一个属于他的账户，并由他选择的投资机构（被称作养老基金而不是退休金管理机构）进行管理。

机构投资者缺少投资机会

"机构投资者"这个名称涵盖了保险公司和退休金管理系统。自从2008年的股灾以来，机构投资者们在为募款进行投资时遇到了一个真正的困难。司法制度给储蓄经理界定了一个微妙的角色，储蓄经理对储蓄者需要履行信用（fiduciaire）义务[1]，也就是说他们应该为客户的利益做到最好，尤其是应

---

[1] 这里"fiduciaire"的说法来自拉丁文"fiducia"，意为"信任"。

该只为客户提供需要或合乎愿望的产品，保证金融产品的选择对于客户来说是最优解。为退休金储蓄而投资的基金应该谨慎操作，这样才能满足未来的需求，所谓的"投机性"投资，比如股票投资，就不符合这个目标，因为它们有彻底损失本金的风险。这就是为什么机构投资者把大部分的基金投在了收益固定的产品上，大部分是国家债券，所谓的主权债券，风险低，放长线。

在欧洲，保险公司的规章在金融危机后经过了复查，以加强谨慎经营的义务约束。新规章名叫"偿付能力2"（Solvabilité 2），鼓励保险人员在投资中增加国债的比重，就是考虑到了谨慎的问题。然而，为回应2008年的那场危机，那些发达国家的主要中央银行选择实行所谓的适应性货币政策，其中追求的效果之一是使利率下跌，尤其是国债利率。2015年末，欧元区、美国和日本的国债，期限在0年到30年之间的，利率大部分清零或很低。机构投资者的长期证券投资组合收入遭到严重的下降。如果他们要对利率固定（如生命保险是5%）的合同付出收益，付款期一到他们就会有资金缺口。这表示合同保证的未来回报取决于未来能找到比现在所能认定的更多的收益：这样的风险并不符合他们信用经营的谨慎属性。

资产管理者们当中响起了很多声音，只为强调他们的收入和付款义务之间存在未来失衡，并且很多人呼吁通过投资重振经济,尤其是通过基础建设投资。实际上,大型规划方案(类似交通运输网络或者数据传输网络、能源生产、水和排污管理等)会调动非常大量的资金,容易获得长期资助;如果方案健全,风险很低并且到期收益有保障,这类投资就是一种有吸引力的投资。

正如我们在第 2 章里提到的那样,无论经济发达还是欠发达地区能源过渡资助大部分可以归入这一类。此外,能源过渡投资是温室气体减少的发生器。几年来,机构投资者圈子里出现一个重要趋势,以便减少对温室气体产业的投资。他们中的很多人组成了一些职业协会 [比如蒙特利尔碳担保 (Montreal Carbon Pledge) 或者投资组合去碳同盟 (Portfolio Decarbonization Coalition)],借此提出这个方向上的经营目标。这个运动先是自发的,为了回应公民社会和个人储蓄者的期待,有志为气候和环境事业做贡献。如今更正式的强制约束可以并且应该出现,这样方能系统化地将储蓄导向绿色"产品",同时阻止乃至禁止将这些储蓄导向化石能源投资。法国在这个领域表现得很先锋,正如我们所见,第 173 条能源过渡法令让机构投资者们有义务在公开报告中公布他们的投资对二氧化碳排放及减少的贡献。在这所谓的投资去碳化运动中,能源过渡项目显然对于机构投资者充满吸引力。

基础设施投资的结构性短缺

机构投资者想要在基础建设领域拥有更多投资机会，这种需求因为经济学家们在两点上达成的共识变得更加显而易见：首先，基础建设投资存在短缺，经济发达国家和发展中国家都是；其次，基础建设投资能给经济增长带来倍增器效应。

倍增器效应

从第二点说起。根据金融评级机构标准普尔（Standard & Poor's）的计算，1 欧元的基础建设投资平均产生 1.70 欧元的国内生产总值[①]，这就是我们所说的倍增器效应。基础建设，比如一条铁道线路，具有很大的传动效应：在建设、运营和维护环节中创造就业，在车站兴建贸易，改变房地产价格，发起更多服务业活动等。

最必要的基础建设，如接通水电，其倍增器效应在发展中国家更为显著。实际上，基础建设对于金融构造尚不发达的国家来说，也可以有助于催化储蓄的募集，发展社会保障

---

① 国内生产总值作为发展或生活水平的概括指标是值得商榷的，但倍增器的经济理论显示出基础设施建设的经济传动效应，当然，这些基础设施建设必须安置恰当！

系统。这些国家的大多数，包括中国和印度这样的大国，对于基础设施建设投资的需求量很大[1]，而满足这份投资需求就是发展的关键。从能源过渡的角度看，为了人民的福祉，很有必要在产生温室气体量少、尊重环境的经济领域里进行这些新的投资。

再回到第一点。在经济发达地区，这种需求也很可观。第二次世界大战过后有过一段密集投资期，而如今欧洲和美国的许多基础设施建设都面临生命周期到头，很有必要翻新。法国最著名的例子是核反应堆群（parc nucléaire）的翻新问题，法国核安全局（ASN, l'Autorité de sûreté nucléaire）只有在完成更新项目［法国电力公司（EDF）称之为"大整修"］的前提下方肯考虑延长核反应堆群的寿命。法国核反应堆群共有58个核反应堆（并不会全部翻新），每个核反应堆平均需要投入10亿到20亿欧元。

机构投资者在2015年末只持有很少的基础建设投资：这一类只有约1万亿美元，在他们的证券投资组合中只占近1%。一部分的原因是基础设施是不断折旧的，初始的负债大部分会偿还。

---

[1] 尽管中国在快速增长过程中有时会伴随着过度投资，其他国家也一样（我们想到21世纪初的西班牙，那里很多地方级机场建得过大，如今却都空荡荡）。

机构投资者有可支配的储蓄和资产需求，实体经济缺乏投资，一切交汇起来，资助能源过渡就在我们的能力范围内：机会的历史性结合就概括在图 3-1 中。

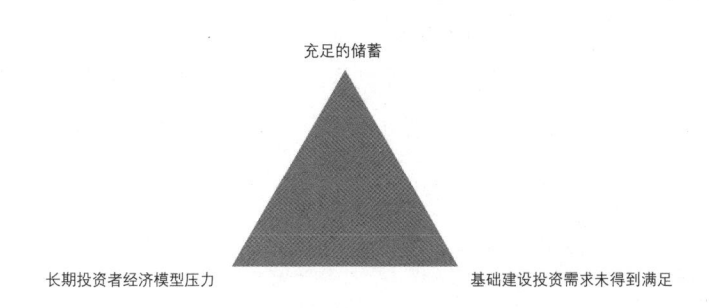

充足的储蓄

长期投资者经济模型压力　　　基础建设投资需求未得到满足

图 3-1 机会三角

来源：受冈范和格兰德让报告第 33 页悖论三角启发

为避免通货紧缩而投资

不抓住历史提供给我们的机遇，至少对于欧洲和美国的经济来说，那就只能止步于一条通往失败的道路上。失败将意味着进入通货紧缩——不止一位经济学家为此担忧——正如我们展示的日本的案例，日本从 21 世纪初以来一直没有成功摆脱通货紧缩，尽管朝着这个目标颁布了很多政策。

通货紧缩的定义是长期的物价下降。日本遭受的这种通货紧缩有失去平衡的危险，就是所谓的"债务型"通货紧缩。它的起因是，当一个国家经济中负债达到一定水平，不管是公共债还是私人债，债务[①]占据了很大的比重，因而放缓了其他所有经济活动。我们在下面的表述中借用经济学家欧文·费雪[②]（Irving Fisher）对于债务型通货紧缩效应的描述。

债务型通货紧缩机制

1. 某些经济主体必须售出来偿还债务，这使资产价格下降。

2. 放在银行的现金减少。

3. 物价下跌。

4. 企业破产增加，有时会导致它们的股东破产。

5. 企业利润减少。

6. 生产、贸易、就业收紧。

7. 在商业氛围上悲观主义代替了信心。

8. 经济主体谨慎地积蓄，减缓了资金流通的速度。

利率演变被扰乱：名义利率[③]崩塌，实际利率升高。

---

① "债务"（service de la dette）指的是要偿还的部分，债务由借出的本金（principal，又叫capital）和应付的利息构成。

② 引自《大萧条的债务型通货紧缩理论》,《经济计量学》（Econometrica）1（4），1933年，第337—357页引自阿代尔·特纳（Adair Turner）:《债与魔之间：钱、信贷和全球金融调整》，普林斯顿，普林斯顿大学出版社，2015年，图解3.1，第57页，由本书两位作者翻译。

③ 名义利率是以当期货币（monnaie courante）观察到的利率。实际利率是计入某段时期内通货膨胀或通货紧缩算出的利率，也就是以不变货币（monnaie constante）而不是当期货币计算。

欧洲中央银行（ECB）行长马里奥·德拉吉（Mario Draghi）清楚地意识到风险，决定不惜一切代价重新推动通货膨胀。在2015年底从技术上来讲欧元区可能已经步入通货紧缩，因为消费物价整年都很稳定。我们会在第四章继续探讨货币政策的问题。简单来说，欧洲央行目前的目标是低于但接近2%。这个目标是基于一系列的经济理论，它们直到金融危机前都占了上风，但是却并没能预测到这场危机还有它的影响范围，原因有很多，我们就不在这里展开了[①]。在法国和美国，2008年的危机产生了金融系统会顷刻崩塌的威胁。它实际上引发了美国银行雷曼兄弟在2008年9月的破产。这家银行控制了美国企业的大部分短期信贷业务。美国当局的回应是创造了大量所谓"中央"货币，也就是央行借钱出去拯救各家银行，避免它们破产。同样的紧急解决方案也在欧洲被采用。这些中央货币的注入避免了金融系统垮掉，但是并不能重新推动投资、就业和经济增长。

依靠新式经济思维

在经济紧缩的威胁越来越明显的同时，在经济学研究

---

① 这个话题参见史蒂夫·基恩（Steve Keen）：《经济诈骗》，塞纳河畔伊夫里，工作室出版社，2014年；盖尔·吉罗（Gaël Giraud），《金融幻觉》（*Illusion financière*），塞纳河畔伊夫里，工作室出版社，2014年。

领域，一个真正的改革正在实行，比主导模型更接近现实的动力学模型出现了。比如法国经济学家盖尔·吉罗（Gaël Giraud）和英国经济学家史蒂夫·基恩（Steve Keen）。英格兰银行也在新式经济思维的战线上很活跃，并且英国金融服务管理局（FSA, Financial Services Authority）前主席、被托尼·布莱尔（Tony Blair）封爵的阿代尔·特纳（Adair Turner）于 2015 年底发表作品《债与魔之间》[1]（Between Debt and the Devil），他在书中宣扬经济资助模式应该进行一次激进的改革。按照他的观点，没有这种改革，通货紧缩就无法避免。

然而，如今中央银行家和政治家当中的主流言论是"温和复苏"。官方预测经济增长势头很弱，却表示乐观：2016 年和 2017 年每年欧洲略微低于 2%，美国略微高于 2%[2]。我们有理由担心这种言论冲淡了步入通货紧缩的现实，并且在几年内，经济发达国家的国内生产总值存在收缩好几个百分点的风险。

因此关于宏观经济状况和重新推动增长的手段，存在一些基本争议，而在这些争议中，能源过渡这个重大问题也没有得到重视。不管正统派还是革新派，经济学家们都一致认

---

[1] 阿代尔·特纳：《债与魔之间：钱、信贷和全球金融调整》，普林斯顿，普林斯顿大学出版社，2015 年。

[2] 经济合作与发展组织（OECD）：《欧元区——经济预测摘要》，oecd.org，2015 年 11 月。

为，为了避免通货紧缩，重新推动与温室气体解绑的经济增长，投资在其中扮演了关键的角色。正统派意见代表人物奥力维耶·布朗沙（Olivier Blanchard），作为国际货币基金组织（IMF）前首席经济学家，在他的2013年和2014年的世界局势分析[1]中建议发达经济体采纳这一发展方向。

公权机构应该扮演重要角色

笼统地说，当然在一个不确定且放缓的经济环境里更是如此，投资复兴应该由公共力量推动。该由国家或更低层级的行政区划，在尊重公民选择的前提下，发起招标，通过基金或担保的形式为个体金融家提供法规框架及必要支持，使业务启动。然而，自从那场危机之后，公共投资在所有经济发达国家都很疲软。实际上，这是受困于国家从个体金融市场收钱补助赤字，而个体金融市场为阻碍一切大规模投资的国债施加了限制。在欧元区，是机构性限制：对于每个成员国，负债比重和公共赤字分别不能超过国内生产总值的60%和3%。目标是要遵循这些比率，而这个目标阻碍了一个充满活力的公共投资项目的执行。

---

[1] 国际货币基金组织（IMF）：世界经济报告。

国债的制动器

正如我们看到的，能源过渡的必要投资主要着眼于基础设施建设，其中约有 80% 需要在新兴国家兴建。这里的基础设施建设是广义的，同时包括了建筑的能源有效性和可持续发展的紧凑型城市的建设。这么多的投资，没有国家强力助阵，不可能得到资助。

国家干预基础建设投资

国家有很多种方式干预基础建设投资。第一种，历史上的方式是：国家完全承包这些成本；基础设施建设留在公共领域。法国的铁路网络和次级公路就是这样的，始终保留在公共领域，而高速公路网络先是部分私有化，然后在 1986 年完全私有化。第二种国家干预基建发展的方式是与私人部门协作。这就是政府和社会资本合作（PPP, partenariat public-privé）[1]。政府和一家私人企业（通常是建筑公司）分摊投资成本，并由这家私人公司出力落实。基础设施在合伙期内离开公共领域，而那家私人公司可以向使用者收费。比之私人投资者，国家更容易满足于投入资本的微弱回报。这让产品（比

---

[1] 我们在这里说的是一般形式，而不是法国法律里存在的特定的同名司法形式。

如一次火车旅行）或服务（供电、供水、废物收集和处理）在价钱上更容易被使用者接受。这就是所谓的基础设施建设的国民负担力（法文是 acceptabilité，英文是 affordability）。不过，某些公共服务不能让使用者负担费用，如教育（在法国当然也有私人教育部门，但是大部分法国人对于中学毕业前的教育付费持保留态度）、医疗（即便法国有部分医疗服务是私人的，主要的医疗成本还是由公共部门承担）或者监狱。在这样的情况下，政府酬报从事建设的私人公司，以租金的方式经营基础设施，以此代替使用者付费（法国新建的监狱和大学都是以这种方案完成建设）。这样使用者不需要个别付费，而是纳税人付费。

第三种方法是，政府在上游干预，就像石油行业：一家私人公司自己承担费用去一个新兴国家提取并精炼石油，而那个新兴国家与这家公司达成协议，购买这家公司的产品，接着转卖给当地国民，要价远远低于跟外国公司购买的价格。另外一个例子，一些高速公路对于使用者来说是免费的，却是由一些私人公司建造经营：国家根据通行汽车数量支付通行费（所谓的影子收费系统，意即非明面上的交通管理费，英文是"shadow toll"，法文是"péage fantôme"）。这种干预方式可与前一种混合使用。

最后，有必要强调的是，国家可以通过所谓的"次主权"单位进行干预，如市或行政大区。在美国，大部分城市基础设施都是由城市资助的,而这些城市为此要向私人资本市场借贷(地方债券)。

私人资本的介入

现在来看看私人资本在怎样的条件下可以投入到基建中。其中牵涉到谁呢?在发达国家是保险公司、养老基金、退休金管理机构、银行。开发银行(世界银行、欧洲投资银行等)属于公共部门,它们的股东是各国政府。在新兴国家,这些财政系统有时会不像我们的国家这么发达,个人扮演了更重要的角色。私人资本投入基建有三个条件。

第一是金额的可支配度。在基建领域,计算单位是1万欧元或美元。这表示不具备储蓄集中化财政系统的新兴国家会在调动必要资金与当地私人资源共同资助大项目时遇到困难。

第二是期限。一个基建被资助的时间越长,它提供的产品或服务的价格就越低。一个好的行政管理就是从私人部门借款的期限越长越好,以此来资助项目[1]。但是在很多新兴国

---

[1] 项目获得的资产账目分期偿还的期限越长,投资的负担就越能随时间分散。一般来说人们更希望减少每年基础设施服务的供应成本。如果相对于资产分期偿还的期限,资助期太"短",会存在所谓的"再融资"(refinancement)风险:项目必须再向未来借款,我们不清楚这一刻、二三十年后或者任何情况下这种做法的可能性。

家，没有银行能给长期贷款。哪怕是在中国，也很难找到超过20年的贷款。这也是在新兴国家里政府应当经常干预的原因之一。

第三是稳定性。如果一家保险公司资助一家发电站20年，那么它需要能够合理确定在期限内这份借款能够连本带利收回。特别是在新兴国家，政策不稳定性很大，稳定性的最优担保常常是金额巨大的项目中有政府参与。

基建资助中公共部门和私人部门的全景速记可以如此概括：在发达国家，金融技术很发达，因此资助过程中政府参与度很少是有可能的；在新兴国家，一般来讲，政府在基建资助中扮演的角色始终很重要，特别是在当地金融市场不太发达的情况下。

拮据的国家

我们可以粗略地评估在2015—2030年能源过渡必要投资总额93万亿美元中国家资助的部分：80%在新兴国家，其中80%为公共投资，20%为私人投资；20%在发达国家，其中80%为私人投资，20%为公共投资。因此我们可以估算15年里60万亿美元，或者说每年4万亿美元，将由国家负责。然而全世界各国政府都严重负债（我们会在第4章讲解造成这种局面的原因）。我们在这里碰到了能源过渡中最大的阻碍之一：在行政运作的现状下，各国政府没有预算来落实能源过渡中分配给它们的那一部分投资。

以法国为例。2013年，公共建筑公园有个热能改建项目，由银行和建筑公司组成的财团开发[1]。这个项目要求10年里有700亿欧元的投资，彻底改建公园，让它的二氧化碳排放量减少40%，也就是每年减少500万吨二氧化碳。技术是经过认证的，投资回报也够快（能源经济偿还贷款）。这个项目只遭遇到资金问题：私人部门要求公共部门做担保，国家以欧盟设定的预算赤字上限为由不予担保，而在其他情况下（如德克夏银行的资本重组），这些限制并没有阻止国家投入大量未被编入预算的资金。

这里关于国家负债有几点值得思考。首先，国家是唯一自有货币负债不受限制的经济主体。实际上，国家主权包括货币创造，如果国家缺乏本国货币来偿还以本国货币开票的负债，那么只要要求央行创造货币就好了。这可能看起来像是同义反复，却是金融市场运行的基础。正因为这一点，国家以本国货币借款才被认定为交易风险最低，是信用评级机构能给出的著名的AAA评级。但在欧元区有个例外，因为欧洲央行（ECB）不归任何一个独立国家管，而只受多国共同体控制。

---

[1] 参见 www.projet-sfte.fr。

发达国家如今都严重负债。日本的公共负债相当于它每年国内生产总值的230%，因此创下纪录。欧元区是87%，法国是97%，英国是89%，美国是103%[1]。经过2008年的那场危机，这些国家的负债增加也非常可观，它们给银行进行资本重组，以保证银行继续运营。1973年重大石油冲击之后，发达国家公共负债已经开始升高（G20成员国情况参见图3-2[2]）。这一年，石油冲击令美元承受重压，尼克松总统单边决定清除金本位（这导致布雷顿森林协定的瓦解）。这使信贷国际化成为可能，向发达国家开放了以本国货币向外国投资者欠债的可能性。这些国家在全球范围内所做的，是为了通过信贷重振经济增长，没有留意预算正统观念对于保持公共账户收支平衡的要求。这种进程展开的背景还有，结构性调整计划受到主张私有化、降低税收的新自由主义启发，逃税漏税和失业持续增加使政府收入减少。我们推荐对这个话题感兴趣的读者看看约瑟夫·斯蒂格利茨（Joseph Stiglitz）和沃

---

[1] 来源：法国国家统计和经济研究所（Insee），欧洲统计局（Eurostat），经济合作与发展组织（OECD）。

[2] G20国家包括欧盟、南非、加拿大、墨西哥、美国、阿根廷、巴西、中国、日本、韩国、印度、印度尼西亚、沙特阿拉伯、土耳其、法国、德国、意大利、英国、俄罗斯和澳大利亚。

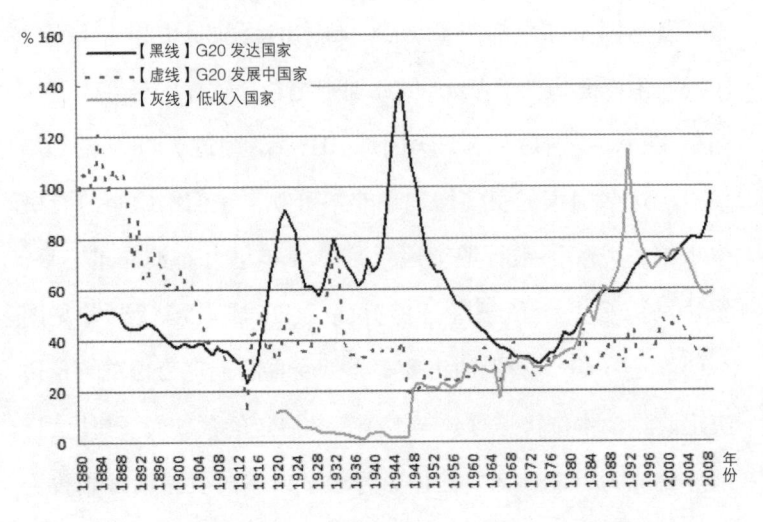

图 3-2 G20 成员国和低收入国家负债占国内生产总值百分比

来源：S.M. 阿里·阿巴斯、纳西姆·贝罗辛、阿斯玛·艾尔-加奈尼和马克·霍顿（国际货币基金组织经济学家们）：《巨额公共负债增减世纪教训》，voxeu.org，2011 年 12 月 18 日。

尔夫冈·施特雷克（Wolfgang Streeck）的书[1]。

对于所有新兴国家来说，不出口化石能源的国家也负债严重。这里只谈发展政策，特别是国际货币基金组织（IMF）和世界银行发起的发展政策，我们称之为华盛顿共识（Consensus de Washington），结果是使这些国家欠下硬通货

---

[1] 约瑟夫·斯蒂格利茨（Joseph Stiglitz）：《大幻灭》，巴黎，口袋书出版社，2003 年；沃尔夫冈·施特雷克（Wolfgang Streeck），《买下的时间》，巴黎，伽利玛出版社，2014 年。

（devises fortes）重债，尤其是美元负债。在我们看来，这表示如果基础建设项目需要进口，那就不能大部分由没有必要的外汇借款能力的国家资助。然而，外国合伙人也不会接受当地货币，除非他需要在当地使用。

国家因负债而受限

因此不出口碳氢化合物的发达国家和新兴国家都严重负债。它们被施加了公共赤字上限，和欧盟为成员国设定的上限相近（公共赤字低于国内生产总值的3%）。明白这些限制的起源很重要。预算的"纪律"是购买国债的私人投资者（养老基金和保险公司）所希望的。不能超过的公共赤字指标金额来源于金融评级机构给出的政府收支预测，这些机构为投资者们"评估"（风险评估）国债。如果这些国家不遵守给他们设定好的限制，评级机构会在下一次国债在私人资本市场发行时给出比较差的评分，比较差的评分意味着要付更高的利率（进一步加重赤字），以及没人认购公债的风险。法国经常向资本市场发行国债，甚至经常每个月好几次。国债开支，也就是说根据公债付出的利润金额（还本之外的），在2015年高达443亿欧元[①]。这是政府支出的第四位，占总预算的10.7%。

[①] 参见政府资讯首页《公共生活》发布的通知：《债务开支是什么：政府支出》，vie-publique.fr，2016年4月。

至于不出口碳氢化合物的新兴国家，我们推荐读者看约瑟夫·斯蒂格利茨（Joseph Stiglitz）的书《大幻灭》（*La Grand Désillusion*），书中解释了国际货币基金组织和世界银行在20世纪七八十年代如何批准以美元让这些国家贷款，并搭配一些结合了预算紧缩与自由化的项目，让这些国家可以进口西方的技术和商品，却没给它们带来内生发展。斯蒂格利茨还强调，持有发展中国家债券的国际机构和持有发达国家债券的私人市场是平行的：同样的意识形态，同样的方法，对于负债方来说是同样的失败。

所以，从负债国的债权人的角度，"信任"应当得到维护，以"信任"之名，这些国家被认为负债过多，没有能力推进能源过渡。不用说，这些评级机构目前的金融模型没有将现在气候变化发展到哪一步纳入考虑，而这一点却是正在进行的。也不用说，15年或20年内，唯一能有效保护机构投资者们的账户和金融健全的办法，就是从现在起将能源过渡进行到必要的规模，只有国家大型投资才能做到。私人债权人误解和误算的利益，在影响全民富足和稳定的投资上，如今占了上风。

不过，金融圈似乎终于意识到能源过渡的挑战，尤其在非政府组织的影响下，这些非政府组织在很多绿色投资项目中都扮演了重要的角色。但是时间紧迫，真的已经到了紧急关头，不能再让严格的预算教条拿走我们唯一能对抗气候变暖的武器：大量、快速地投资于生态能源过渡事业。

国际货币秩序的制动器

如今的全球宏观经济局势显示出，发达国家有投资潜力（尤其是保险公司和养老基金，正如我们所见，在寻找比国债更富回报的长期投资），而发展中国家正是人口增长和未来经济的储备库，渴望投资于经济发展，尤其是那些符合温室气体减排目标的发展项目。实际上，一个主要的结构性障碍阻止了资本从发达国家流向发展中国家：国际货币结构。

某些外汇的不可兑换性发达国家

从货币看，世界一分为二。一边是18个能够自由兑换外汇的国家和地区[①]，也就是一些发达国家、地区和出口碳氢化合物的中东国家；另一边是所有其他国家和地区，它们的外汇不可兑换。如果读者试图在巴黎收集或出售巴西的雷亚尔、俄罗斯的卢布或者中国的人民币，他将会得到一个"拒绝受理"的结果。不可兑换的外汇只能在本国内部交换。当一个

---

① 2013年底，可自由兑换的外汇如下：澳大利亚元、巴林第纳尔、加拿大元、丹麦克朗、欧元、港币、肯尼亚先令、科威特第纳尔、新西兰元、挪威克朗、英镑、新加坡元、南非兰特、沙特阿拉伯里亚尔、瑞典克朗、瑞士法郎、阿联酋迪拉姆、美元。

巴西居民希望将他的雷亚尔换成美元，交易需要提交给巴西中央银行检查。如果巴西中央银行的外汇储备里还有美元，它就会批准这项业务，这会减少银行的外汇储备。如果巴西中央银行的外汇储备里没有美元，或者如果它不希望外汇储备减少，那么就不批准这次兑换。巴西居民将被迫收起他的雷亚尔等待更好的时机，或者把它们在巴西花光。

从实用的角度讲，某种外汇无法兑换，就表示存在无法将资产在发行国之外换成外汇的风险。作为例证，在过去的十年里，阿尔及利亚中央银行已经多次叫停第纳尔兑换外汇业务。若一个国家从事出口并以外币收款，通过进账能获得大量相应的外汇储备，该国外汇兑换业务不太可能停办。因此很容易理解，以这个标准，当一些国家既没有矿物资源，也没有可出口的制品，它们就不能吸引外国资本。我们还能理解，一家要向它的投保人支付可兑换外汇的西方保险公司，没办法冒险在那些货币资源弱势的国家进行投资。在这技术—经济风险之外，还有政治风险，比如有些国家的中央银行受控于某个团体、某个政治派别，或者处于内战或外战的背景之下。

不稳定的货币秩序

经过美元与黄金脱钩（1973年）和华盛顿共识的自由主义政策（20世纪七八十年代），占优势的货币秩序从某些角度来看更像是一种无序。资本的自由流通是不稳定之源，矛头所指包括2016年6月底在葡萄牙辛特拉举办的欧洲中央银行论坛[①]。发达和新兴经济体流进和流出的资本数额越来越大。外汇和资本市场入口危机（外汇或现金流入突然减少）越来越频繁，冲击到经济增长。回归资本市场审查，可能是唯一使世界贸易不陷入极端动荡的方法，正如法国经济学家让·佩尔洛瓦德[②]（Jean Peyrelevade）坚持的那样。

国际货币秩序由国际货币基金组织控制。这个组织聚集了全世界188个国家，在联合国支持下经由布雷顿森林协定创建于1944年，旨在维护国际货币系统的稳定性。国际货币基金组织记录这些国家可兑换货币的外汇储蓄。这场布雷顿森林会议也见证了世界银行的创建，它的股东也是这些国家，它们以美元或其他可兑换外汇借款给有需要的国家。

发展中国家资助能源过渡的问题是换算标尺，如果想要得到发达国家投资者们资助的话。发达国家投资者们在货币可兑换性风险上需要世界银行的担保。预估投资规模达到60

[①] 这一段内容出现在如美国学者巴里·艾肯格林（Barry Eichengreen）于辛特拉欧洲中央银行论坛上展示的文件里，《全球货币秩序》，ecbforum.eu。

[②] 参见让·佩尔洛瓦德（Jean Peyrelevade）：《资本运动，世界无序的征兆》，lesechos.fr，2016年6月15日。

万亿美元，哪怕实际征集到的金额始终低于担保的金额，现存的担保机制也非常不完善。如果担保机制足够壮大，可以支持大量资本从富国输送到穷国，这将改变美元相对于其他货币的平价。而在目前的情况下，国际货币系统的结构是个双速体系，反映出世界经济格局"第三世界，世界的四分之三"，约瑟夫·斯蒂格利茨（Joseph Stiglitz）推论会这样保持下去。美国确实是国际货币基金组织中最有影响力的国家，在关键决定上拥有否决权。不过，看起来他们并没有考虑为了对抗气候变化的目标而进行国际货币秩序改革的问题。

担保可兑换性风险：特别提款权（SDR）

交给法国总统的冈范和格兰德让报告[①]里提议，提高目前可支配的担保金额，以防行使国际货币基金组织货币创造权力时出现可兑换性风险。国际货币基金组织的职责是维护国际货币体系的稳定，会以"一篮子"不同外汇为各国记账：特别提款权（SDR）。如今[②]，1SDR 相当于 1.42 美元（由相当

[①] 帕斯卡尔·冈范和阿兰·格兰德让：总统委员会报告《调动气候资助：资助去碳经济路线图》，2015 年 6 月。

[②] 在 2016 年 6 月 18 日。补充资料可浏览国际货币基金组织官网。可参见如《数据．SDR（特别提款权）估价》，imf.org。中国的人民币于 2016 年 10 月 1 日加入"一篮子"DTS 货币。

于 0.48 美元的欧元、相当于 0.12 美元的日元、相当于 0.16 美元的英镑和 0.66 美元构成）。2009 年金融危机时，G20 峰会批准国际货币基金组织发行新的 SDR，总额 1610 亿[①]，以帮助主要的经济大国度过那场威胁到各国跨银行市场的现金危机。实际上，国际货币基金组织的目的之一是保证金融稳定，而在目前的背景下，气候反常已成为影响稳定的主要威胁之一，为了这个目的使用 SDR，这个做法值得研究。这里涉及一个潜在的方案，让发展中国家能得到数十亿美元的投资，在接下来的几年里它们需要借助这些投资来面对发展的挑战。更稳定且更有回报的国际货币秩序是可以达到的，调控工具就在那里。维持现状无论对发达国家还是发展中国家都有害，改革很紧迫。

[①] 随着国际货币基金组织接二连三拨款，到现在已有 2040 亿 SDR，相当于 3160 亿欧元，由国际货币基金组织发出。例如，法国在 2014 年 4 月 30 日得到了 92.87 亿 SDR，相当于 144 亿美元。（参见帕斯卡尔·冈范和阿兰·格兰德让的总统委员会报告，《调动气候资助：资助去碳经济路线图》，2015 年 6 月，第 70 页。）

第4章
资助过渡今后可行

"别跟我说你们的特权：告诉我你们花钱买什么，我就能说出你们有哪些特权。"

——詹姆斯·W. 弗里克（James W. Frick）

用于资助生态能源过渡的钱是不缺的，也不可能缺，正如我们稍后会看到的一样；我们在全球背景下发展，大量的流动资金在金融圈中买进卖出。现在将我们的聚光灯打向四个可能的能源过渡资金来源大头：企业自筹资金、家庭储蓄、强制缴费（prélèvements obligatoires）和税收、货币创造。我们将分别展示每一项都存在转向能源过渡的潜力。与其说潜力，不如说是必需：金融泡沫吸进资本，实体经济缺乏投资，能源过渡是回应眼下这种日益激化且难以维持的失衡的答案。

企业自筹资金

企业自筹资金指的是企业创造的财富，在支付和偿还完一切应付款（工资、采购、贷款）后能够自由支配的部分。

企业如何自筹资金

一个企业有三个资金来源：两个外部来源，一个内部来源。外部来源是本金（股东带来的基金）和贷款（银行以信贷形式借出的基金，或者对于大企业来说，金融市场以债券的形式借出的资金①）。企业内部资金来源是企业活动产生的现金流。这种现金流在会计学上叫营业现金流量（法文 flux de trésorerie，英文 operating cash flow）。

而从企业流出的现金和它的利润或红利就不是一回事。企业利润对应的是企业所得税的课税基数，它是根据适用财务规则计算的：收入减去支出和赋税。收入和支出的计算不是基于收款，而是基于发票结算。支出中有分期偿还和预付款，对应的不是资金流动，而是账目计算：这些是计算下来的费用，而不是可支取的费用。营业现金流是一个更简单的概念：在一个会计年度里进账减出账。一家企业可以在某一

---

① 债券是一种代表一笔负债的可交易的债权证券（TCN）。

个特定年度里创造利润的同时流动资金（或者流动现金）减少，或者相反，提高了它一年里的可支配流动资金，但是财务上是亏损的[①]。

企业可以通过多种方式使用它产生的现金。首先，如果企业领导像一个家庭里的好父亲一样进行企业管理，他应该注意握好方向盘，留下足够的流动资金，以防可能的临时困难，比如某个客户付款延迟，销售淡季，银行不是总能授予短期贷款。如果企业有欠债，企业活动产生的营业现金流量应该可以用来偿还一部分贷款。然后，企业（确切来说是做决策的企业股东）可能有必要或者有意愿在会计年度中投资：采购材料，大件维护，乃至收购另一家公司或者一项专利等。最后，股东们可以希望得到分红，在年会时商定金额。

用一句金融界格言："营业额是骄傲，利润是稳健，现金是现实。"("Sales are vanity, profits are sanity, cash is reality.")

顺带一提，为什么我们提到金融的时候总要用英文？这是金融市场开放的结果。在法国，40只最大的股票（CAC40）如今50%由不居住在法国的投资者持股。盎格鲁-撒克逊国家的养老基金是其中最大的部分，因为在这些国家里，养老

---

① 企业破产主要是由于财务状况困难。

金资本化体系占上风，所以这些养老基金的投资能力非常可观。盎格鲁-撒克逊国家的企业股东为这些企业带来了金融信息交流系统，著名的"财报"（reportings），普及了盎格鲁-撒克逊术语用法。

经济合作与发展组织（OECD）在 2015 年 6 月完成了一项研究①，研究评估了 2015 年 1 万家全世界最大的集团实现的投资数额，占世界国内生产总值的 36%，达 3.9 万亿美元，而新气候经济（NCE）智囊团计算的能源过渡必要投资为每年 6 万亿。因此光是企业自筹资金就已经相差不远了！而化石能源开采和生产的年投资规模就达到每年 1 万亿美元了。所以能源过渡并不是特别需要寻找新的资本来源，只要把目前的可支配资源进行重新引导即可。

分红代替投资

根据经济合作与发展组织（OECD）的研究，那些企业在 2008 年大崩塌之后所做的投资，让它们恢复增长直到 2012 年，然后停滞。正如大部分国际组织一样，经济合作与发展组织（OECD）预测从 2016 年起，在全世界所有地区，不稳定性日益提高的大背景会触发经济增长下降的预期，这会导

---

① 经济合作与发展组织（OECD）：《公司投资与停滞难题》，《OECD 商业与金融展望 2015》，OECD 出版社，巴黎。

致轻微下滑。企业是"流动的",与其投资,它们会把钱留给资产负债表,或者交付给股东们。2012年底,欧洲的非金融公司因此在它们的资产负债表上拥有超过1万亿欧元,创下第二次世界大战以来绝对纪录。美国五大"现金之王"——苹果(Apple)、谷歌(Google)、微软(Microsoft)、辉瑞(Pfizer)和思科(Cisco)——同期存有流动资金约3500亿美元。

全球投资数额稳定,而企业给股东们的分红也自危机以来持续上升。2014年,美国标准普尔500家上市公司[1](S&P500)给股东们共发出9040亿美元,相比于2013年提高了15%。至于欧洲最大的上市公司指数"法国上市公司120"[2](SBF 120),发了1530亿美元,提高了14%。这样的高额股东分红在经济发达国家会恶化经济危机,因为这些分红并不会再投入到这些国家的实业中。一个国家里投资量的测算指数被称为固定资本形成总额(GFCF, Gross Fixed Capital Formation),"固定"或"不动"资本在会计学上的定义是企业拥有超过一年的资本:厂房、机器、土地、品牌和专利。

---

[1] 标准普尔500(S&P500)是一个基于500家美国企业行情的股票指数。它涵盖了美国股市中约80%的股票资本。

[2] "法国上市公司120"(SBF 120)是一个巴黎股票指数,它包括巴黎证券交易所的前40名股票资本(CAC40)以及法国前200名上市资本中80个交易最活跃的股票。

为了某个国家的测算年投资率，我们会看固定资本形成总额（GFCF）与国内生产总值的关系。1990年到2013年，在经济发达国家，这个比率从24%下降到19%。最显著的投资亏损发生在房地产市场扩张最严重的国家：爱尔兰是14个百分点，西班牙9个百分点，美国4个百分点，英国3个百分点。同时，新兴国家投资率从24%飞升至33%[1]。

大手笔分红是为了响应股东们的收益期待。实际上，在不确定的经济背景下，股东们会比较他们给企业投资的预期收益和他们在金融市场能够找到的高收益产品，尤其是股票市场和房地产。这里需要强调的是，当一个投资者在交易所二级市场（转卖市场）买入一只股票，他的资金并没有让企业获利，而是让股票销售者获利。只有在一级市场（最初证券购买市场）购买证券才能令企业获利；不过，在发达国家，最初证券购买跟着那场危机一起一落千丈，再也回不到之前的水平。

概括一下，我们身处的背景是企业仍然投资很多（1万家贡献了36%世界国内生产总值的企业在2014年投资了将近4万亿美元）并且有大量资金是投给化石能源（2013年是

---

[1] 国际清算银行（BIS）：《第84期年报. 2013年4月1日—2014年3月31日》，巴塞尔，2014年6月29日，第62页。

1万亿美元)[1]。但是这些企业还能投资更多,由于它们自认缺乏诱人的投资机会,平均消耗一半的营业流动资金来回报股东。在这样的背景下,如果有财政和法规激励,很明显这些企业可以大手笔资助生态能源转换,使绿色投资能与企业原来可以入手的那些金融投资同级竞争(如果那些投资变得回报更少,结果就会截然相反)。

自筹资金的好故事:可再生能源开发

看一看可再生能源开发成功的故事,很有意思,因为这些可再生能源很大一部分是由自筹资金资助的。引导资本流向这些能源的主要机制是发达国家政府给收购价格发补贴,结合相应的投资政策。结果是,十年内,投资于可再生能源的金额从470亿美元跃升至2730亿美元[2],发达经济体与新兴经济体对半分。企业资助了最大的部分:设备制造者用实物给项目做贡献,工业类企业签下长期供应水力能源、太阳能或风能的合同,使项目能够实现。规模经济和低成本国家生产力的出现,让设备成本大大下降,这本身就能减少采购津贴。

---

[1] 经济合作与发展组织(OECD):《欧元区——经济预测摘要》,oecd.org,2015年11月,注75。

[2] 联合国环境署(UNEP):《可再生能源全球趋势2016》,fs-unep-centre.org,第12页。

可再生能源部门的回报率很高，并且起了一个成功的示范，私人企业资助绿色投资，公共力量给予适量的短期支持。能源利用率或许也可以追随同一条路线，这能实现成本节约，大大降低经济发达地区的能源消耗。

家庭储蓄

正如我们在上一章里提到的，经济发达国家继续产生充足的储蓄，尽管经济危机和私人领域（家庭、企业和银行）高负债问题也很严重。这些储蓄也可以往能源过渡投资的方向引导。

储蓄的溯源和定义

根据法国统计局（Insee）给出的定义，家庭金融储蓄指的是没有支出（消费）也没有投入房地产购买的收入。这样的储蓄可以是留在活期账户上，也可以投资一些短期产品，比如定期存款或银行存折（会留在银行资产负债表上）。这些钱可以投资于更长期的产品，如生命保险，或者类似可变资本投资公司（Sicav, sociétés d'investissement à capital variable）这样的银行发行的储蓄产品，以及其他集体动产投资机构（OPCVM, organismes de placement collectif en valeurs mobilières）。这些产品不属于银行。

可变资本投资公司（Sicav）是自主公司，其资源是卖给个人的股份，根据不同投资目标投资于多种产品：股票和企业贷款、国债、货币市场短期产品。可变资本投资公司（Sicav）和集体动产投资机构（OPCVM）是由银行的集体资产管理（asset management）子公司运营，银行给设置和管理这些产品的团队的报酬是以佣金和开给认购人的增值分成的形式发放。储蓄一方面凭个人的存钱需求自愿置入，另一方面根据退休金和社会分摊制度作为义务存在。关于退休金，不管国家体系是分配还是资本化，储蓄者的退休金是交给一个投资基金，这个投资基金本身是投入到股票、企业债券和国债里。至于社会保障，一部分储蓄是交给一般社会保障制度，另一部分交给私人或公共保障机构（养老保险、失业保险、健康保险），它们会根据未来支出需要和投资战略处理这些资金。

正如我们所见，世界上的储蓄很充足：机构投资者、养老基金、养老金管理机构和保险公司管理的存量2013年底估算有100万亿美元。我们也强调了一点，世界储蓄很少投资给基础设施建设：总存量里只有1万亿美元投资到基础设施建设。在美国，2005年至2014年美国联邦储备委员会（FED，美国中央银行）主席本·伯南克（Ben Bernanke）提到2003—2007年"全球储蓄过量"（"global saving glut"）。实际上，部分发展中国家，尤其是中东，受到美国金融泡沫高回报的吸引，更愿意把商业盈余投去那里，而不是用这些钱投给自己的国内事业。

房地产，发达经济的累赘

不管在美国还是欧洲，家庭优先把多余收入留给房地产消费。正如阿代尔·特纳（Adair Turner）[1]解释的那样，房地产在经济发达国家已经变成一个巨大的泡沫。在现代银行系统中，信贷的本质不是资助新投资，而是回购已有资产，特别是房地产。2012年，在英国，65%的银行贷款是住房贷款，14%是办公楼贷款，7%是消费贷款，14%是房地产外的企业贷款[2]。城市空间供应有限，而城市化却导致需求日益增长，加之贷款供应充足，其间自由调节的供需机制，引发房地产价格攀升。这不是宿命，却是结局，一方面由于价格自由化和城市规划缺位，另一方面要归因于信贷自由化：没有什么能阻止银行给私人住房和办公楼创造贷款，大量拨款，正如我们刚刚看到的那样。当房地产泡沫爆炸时，就像20世纪90年代的日本和2008年的美国，影响是毁灭性的：房地产价格

---

[1] 阿代尔·特纳：《债与魔之间：钱、信贷和全球金融调整》，普林斯顿，普林斯顿大学出版社，2015年。

[2] 阿代尔·特纳：《债与魔之间：钱、信贷和全球金融调整》，普林斯顿，普林斯顿大学出版社，2015年，第63页。

崩塌，引起很多家庭以及部分企业、银行破产。

让我们看看日本的一组数据。20世纪80年代，日本政府鼓励银行贷款给房地产。4年的时间，贷款总额增长了4倍，房价增长了2.5倍。房地产价值是国内生产总值的2.5倍。东京千代田区的土地价值超过了整个加拿大。1990年泡沫破裂，引起办公楼价格下跌接近80%。日本企业之前贷款，希望从房地产涨价中获利，当时只能用营业现金偿还负债，并且为了免除债务停止了投资。日本当时为整顿经济主体，进入了一段超过30年的衰退期。而这，跟任何银行或金融系统倒闭都无关。

信贷和房地产活动监管缺位的综合结果就是灾难，例如在日本，在美国，在西班牙，在一些类似曼谷、雅加达、吉隆坡的城市。但是泡沫破裂引发的深重的经济危机不应该是我们忘掉生态危机的理由，这场生态危机的代表是那些大都会，它们充血，深受污染，依靠破坏生态系统的密集农业供应养分，而这样的农业已经开始威胁到人类健康。

不稳定因子，基础设施建设投资空缺

正如我们所见，20世纪70年代的几个大项目（能源生产、水和排污处理、交通网络、物流网络、数据网络）之后，经济发达国家缺乏基础设施建设的翻新与适配，尤其是面对城市扩张。在美国，众所周知，交通基础设施建设部门苦于投资不足。在法国，核电站大整修很难获得法国电力部门

（EDF）资助，铁道网络状态极差，2013年突发的布勒提尼（Brétigny）事故并不能单纯怪运气不好，还有审计法院指出的维护方面的投资不足[①]。由于资金问题，铁路货运没有发展，而它是为减少商运卡车过载的主要途径（出于安全、当地污染和二氧化碳排放的考虑）。公共建筑能源效率方面的投资也因为缺乏资助被推迟了。所有这些都降低了在对抗气候变暖的战斗中胜利的机会，并且抑制了这些项目可能创造的新的就业机会[②]。这也影响了金融系统的稳定。实际上，对于养老基金和保险公司来说，这些项目意味着长期投资机会，目前投资者都苦于缺少这种机会，动摇了养老体系的永久性和保险公司面对损失的应对能力，尤其是气候原因带来的损失。

总之，充足的储蓄是有的，但是房地产吸收了家庭和企业收入中太大的一部分，引发了泡沫，而泡沫会不可避免地破裂，这将损害整个经济环境。实体经济和投资者们都缺少基础设施建设投资。所以必须查看私人金融部门以最优方式拨出储蓄的能力（下一章内容），然后提出一些方法来将储蓄引向能源过渡（第6章和第7章的内容）。

[①] 参见审计法院：《年度公共报告——小巴黎地区铁路交通——附推荐》，ccomptes.fr，2016年2月10日。

[②] 投资于基础设施建设的1欧元，次年起通过就业与相关活动，平均产生1.4欧元的国内生产总值。

强制缴费和税收制度

税收构成了政府收入的主要部分。它覆盖了不同的领域，有对家庭、企业征收的直接税，有像增值税（VAT）那样的间接税，还有关税和烟酒特别消费税（对烟酒和石油产品销售征收的税）。在生态问题上，税收可以起到两个补充职能：一方面激励经济活动参与者们做出更道德的行为，另一方面获得一些资源，使政府或本土集体可以投资于能源过渡。我们在此尝试针对能源过渡需求定位全税收收入数量级，并主张税收可以构成其资金的重要来源。

先回忆一下我们所谓的强制缴费以及构成税收的三类扣款。

强制缴费的三种类型

所得税对纳税人征收，而纳税人能在政府或公共行政部门的支出中得到相应补偿：教育、国防安全、司法、债务开支、欧盟成员国预算贡献。

营业税在服务供应时向个人征收（比如对烟酒和石油产品的销售征收的税）。

社会分摊金由公共和私人社会保障机构征收。被征收者得到的相应回报是社会补贴。这些分摊金是由雇主、雇员、获得赔偿的失业者和独立工作者支付的。

强制缴费的水平是公共力量介入经济活动的程度衡量指

标。它反映的是社会组织的政治选择。比如，2014年美国强制缴费的比率是26%，而法国是45%[①]。但是美国的养老金和医疗保险制度在很大程度上是私有化的，社会参与和分摊是基于自愿而非义务。因此这两种扣款比率是没有可比性的。从根本上，这就造成了两种非常不同的社会，美国的收入差异和贫困率比法国更大。

与图4-1展示的法国的情况一样，发达国家财政收入都在2008年金融危机时暴跌。这暴跌来得很突然且跌幅很大，同期政府支出升高，特别是银行资本重组，加重了政府负债和赤字。几个欧洲大国从那之后就陷入了初级赤字，值得注意的是，德国、美国、日本是例外。陷入初级赤字意味着这些国家只有靠新一轮贷款才能偿还负债。为什么财政收入随着危机发生剧降？两个因素扮演了非常重要的角色。一方面，可征税的盈利额下降了，原因是资产价格下降和客户债券不能偿付引起的资产贬值。紧随银行危机之后的流动资金干涸其实使很多企业和家庭"一贫如洗"，用会计的说法就是抵扣了已存票据的年度记账金额，但是却未能偿付。另一方面，增值税（VAT）下降，原因是经济活动紧缩：更少的购买，更少的投资。2008—2009年间伴随这样急速的下滑，还有与

[①] "Prélèvements obligatoires" 词条，wikipedia.org。

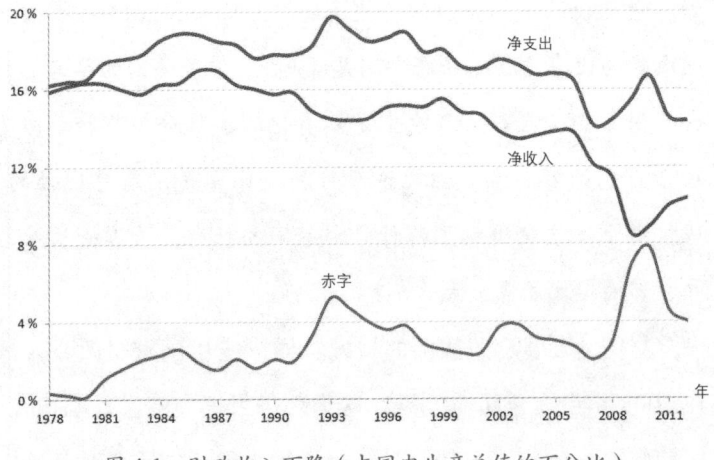

图 4-1　财政收入下降（占国内生产总值的百分比）

来源：奥力维耶·贝胡耶，www.les-crises.fr，法国统计局数据。

失业率升高有关的社会进款暴跌。

从那之后财政收入回升至危机前水平，主要是提高了针对就业征收的社会分摊金（法国的普通社会保险捐税 CSG 就是个例子）。但是从某种角度来说，这样的国家收入水平本就不够。社会学家兼经济学家沃尔夫冈·施特雷克（Wolfgang Streeck）在《买下的时间》[1]（Du temps acheté）中分析了经济合作与发展组织（OECD）七国的税收状况：日本、美国、法国、德国、英国、意大利和瑞典。1970 年，这些国家的财政收入占它们国内生产总值总和（七国的国内生产总值加起来）

---

[1] 沃尔夫冈·施特雷克（Wolfgang Streeck）:《买下的时间》，巴黎，伽利玛出版社，2014 年，第 99 页。

的32%，而支出占35%。2006年，危机发生前，七国财政收入占国内生产总值总和的比例达到38%，但是政府支出占到了国内生产总值的45%。沃尔夫冈·施特雷克认为：

……国家负债的原因并不是支出太高，而是收入太低，因为根据私有个人主义原则组织而成的社会给征税带来了限制，与此同时，它又始终希望从国家那里索取更多[1]。

这段分析经由法国经济形势观察机构（OFCE）的一项研究确认，符合法国的情况。法国经济形势观察机构（OFCE）的这项研究"在将近25年的时间里延长并加强了卡雷兹（Carrez）报告中只针对2000—2010年十年[2]情况所做笔录中财政收入下降趋势"。回想一下，卡雷兹报告[3]评估这段时期总预算中财政收入损失超过1000亿。

20世纪70年代执政纲领转变——也就是金融自由化——后所采取的税收政策，是由减少扣税压力（尤其是对最富裕的家庭的征税，其边际税率降低了）和最低税收（le moins-distant fiscal）原则推动的。金融自由化和政府竞争，迫使政

---

[1] 沃尔夫冈·施特雷克（Wolfgang Streeck）：《买下的时间》，巴黎，伽利玛出版社，2014年，第99页。

[2] 穆里埃尔·普奇、布鲁诺·第奈尔（Muriel Pucci et Bruno Tinel）：《法国税收降低与公共负债》，法国经济形势观察机构（OFCE）杂志，第116期，2011年1月。

[3] 第2689号资讯报告，可于assemblee-nationale.fr上查阅。

府降低对企业的扣税，即便在税收始终处于支配地位的欧洲也一样。此外，"资本"是流动的（除了房地产），对于它的征税随着这种趋势只好被迫下调。根据欧洲统计局（Eurostat）2014年的报告，所得税最高税率已经下降，在欧盟18国，从1995年的48%降到2009年的40%，然后升高，只在2012年到达43%[1]。企业平均征税的实际税率（在欧盟18国）从2000年的28%降到2003年的21%，占国内生产总值的百分比从2008年的3.5%降到2012年的2.5%。

对于法国税务部门来讲，逃税导致的收入缺口估计每年有800亿[2]美元，略高于法国财政赤字（2015年是705亿欧元[3]）。问题在于，这种逃税并不总是欺诈。当一个国家里实行银行保密或屏蔽结构（美其名曰"trusts"，意为"信托"），开户人的身份就得到绝对保密、绝对合法的保护，逃税常常符合法律文本，甚至符合法律精神。国际规章和逃税天堂能

---

[1] 欧洲统计局：《欧盟税收趋势：欧盟成员国爱尔兰和挪威数据》，2014年。

[2] 国家工会"公共财政联合会"（Solidaire Finances Publiques）报告，《偷税漏税，税务监管》，solidairesfinancespubliques.fr，2013年1月，第19页。

[3] 财政与公共财务部（ministère des finances et des comptes publics）：《2015年政府预算执行：赤字减少150亿欧元》，economie.gouv.fr，2016年1月14日。

持续存在，必定伴随着一个现象，也就是所谓的银行机构之间的活跃共谋：尤其是通过巨大的跨国资本实际流通额以及过于宽松的反洗钱管制。法国前预算部长声名狼藉，给同胞们做出了示范，他在瑞士藏有小金库，又在议会前立伪誓，而在他的问题之上，国家财政收入面临三重压力：世界化的压力、经济上的金融控制压力，以及经济虚拟化的压力。

在世界化的层面上，大企业得益于海外贸易开放，调整它们的业务，好在税收很低的国家进行生产，灵巧地在集团子公司之间设定转移定价[①]，通常还都是完全合法的。这样的就业异地化使社会收入降低（且提高了失业负担）。工作非牢固化对税收影响深重，对最低工资征收的社会收入降低，同时增值税（VAT）下降：一个领工资的雇员对企业增值没有影响，而一个开发票的订约人，则有。

至于经济上的金融控制，它使所有投资者处于一种竞争关系，排队竞争最低税收。因此一条法国的高速公路，由一家法国银行组织资助——可能是一家公共银行——在21世纪头十年是由基于泽西岛的一个离岸信托（trust offshore）通过发行债券来资助，因为国际投资者们不想负担这份债券的税。

---

① 转移定价是同一个工业集团内部两个单位之间转卖的价格。更多信息参见经济合作与发展组织（OECD）编写的指南，《OECD原则，跨国企业和税务部门转移定价适用》，2010年8月。

至于虚拟化，税收还是在很大程度上以领土权原则运行：在产生利润的地方对经济活动征税。因此谷歌（Google）和亚马逊（Amazon）把主要的欧洲营业额放在爱尔兰，那里对公司征收的税率非常低，这个国家有意选择通过低税政策吸引业界投资。

因此，金融自由化和全球化使国家征税任务变得不那么容易了。比如在 1990 年到 2010 年 20 年里，各国财政收入占国内生产总值的比率从 27% 降到 24.5%；瑞典财政收入占国内生产总值的比率从 53% 降到 46%[①]。

永远推迟的金融交易税（FTT）

诺贝尔经济学奖获得者詹姆斯·托宾（James Tobin）从 1972 年起就建议设置一种金融交易税，用以限制汇率的不稳定性。这个想法从那之后实施，2011 年的 G20 宣布支持一种范围更广的金融交易税；然而在国际上并没有任何具体进展。至于欧盟，在 2015 年 12 月 8 日的经济及财政事务理事会（Ecofin）峰会上，10 个成员国的财政部长参与了加强合作，并发表关于金融交易税（FTT）的联合声明。不过还存在一些根本政治分歧，在征税的地理界限上（如是否适用于

---

① 沃尔夫冈·施特雷克（Wolfgang Streeck）：《买下的时间》，巴黎，伽利玛出版社，2014 年，第 102—103 页。

卢森堡，欧盟很大一部分金融交易都放在了那里），还有课税基数的定义，特别是包含不包含所谓的衍生金融产品（这可不是微妙差异）。这样的税能够产生的潜在收入在每年500亿美元到3000亿美元之间变动。500亿美元这个数字对应的是只针对股票和债券交易的征税，对于G20各国，股票和债券的税率分别为0.1%和0.02%[1]；3000亿数字对应的全球税还包括了衍生产品和外汇[2]。我们觉得这件事尚未成功，金融交易税的设立要在欧盟里推进，还需要公民们更加强势参与，为政策施压（我们应该向非政府组织在这个问题上已经做出的大量工作致敬）。

要注意的是，法国在2012年针对金融交易设立过一个伪税，非常像直到2006年还对股票买卖征税的"证券交易税"。

---

[1] 参见比尔及梅林达·盖茨基金会（Bill & Melinda Gates Foundation）：《比尔·盖茨给G20领导人的报告. 戛纳峰会，2011年11月》，gatesfoundation.org："对于某些模型的研究揭示，即便是很低的课税，对股东权益（capitaux propres）征收10点基础税率，对债券征收2点基础税率，都能在所有G20成员国里获得约480亿美元，或者说如果限制在欧洲几个主要国家范围内，可以获得90亿美元。其他关于金融交易税（FTT）的建议提出了一些明显更有利的展望，从1000亿美元到2500亿美元，特别是涵盖了衍生产品。"

[2] 参见IDS的史蒂芬·斯普拉特（Stephen Spratt）和"根除贫困"（Stamp out Poverty）的克里斯蒂娜·艾诗福德（Christina Ashford）：《气候资助：减缓气候变化全套估价工具及适用资助机制》，2011年12月。

这个伪税应用于市值超过 10 亿欧元的法国公司的每一笔股票购买，税金是购买金额 0.2%，并且不适用于转让操作范畴内的投机购买（同一交易日的买进卖出、买空等）。2014 年它的税收总额是 7 亿欧元[1]。这种税并不明确拨给气候事业，即使法国指出它有成为重要指标的意图。

一旦金融交易税实行，其税收的一部分——真实的部分——可以用于对抗全球气候变化：欧元区国家征到的税可以用于资助欧盟的绿色项目，也可以充实欧盟财力，继而支持全世界的能源过渡项目。鉴于欧盟大部分国家紧张的预算状况，金融交易税不会自动指向气候事业。

碳税

我们在第 6 章会探讨碳价的问题。这里只是简单地指出，在法国有一种碳税，或者说气候能源捐税[2]，针对碳氢燃料和可燃物，2014 年税收为 24 亿欧元。2014 年设置为每吨二氧化碳收 7 欧元，2015 年为 14.50 欧元，2016 年升至每吨二氧化碳收 22 欧元，然后 2017 年提到 30.50 欧元，在 2020 年达

---

[1] 总统委员会帕斯卡尔·冈范-阿兰·格兰德让报告，《调动气候资助. 资助去碳经济路线图》，2015 年 6 月，第 55 页。

[2] 这是国内能源产品消费税（TICPE）的一个组成部分，衡量标准是能源产生的二氧化碳排放量。

到每吨二氧化碳收 54 欧元这样的水平，然后 2030 年收 100 欧元。

法国在生态税上的进展

为了说明大致数字，2014 年给法国政府带来最多收入的 4 个税种是增值税（1910 亿欧元）、普通社会保险捐税（CSG）/社会保险债务偿还捐税（CRDS）（1000 亿欧元）、家庭收入税（800 亿欧元）和公司税（630 亿欧元）。目前为止总额达 9500 亿欧元，占国内生产总值的 44.8%[①]。

所有有着生态目的的税种在 2015 年带来了 635 亿欧元的税收，与公司税持平，从 2012 年起增加了 78 亿欧元。正如 2015 年 10 月议会报告上预算报告人瓦蕾莉·拉宝（Valérie Rabault）女士指出的，我们这一段中的数字也是从她的报告中得出，"生态税增加应该会对环境产生具体的影响，可以是对行为改变的激励，也可以是环境政策产生的资助[②]"。这些税种里最重要的是能源产品国内消费税（TICPE），它在

[①] 法国国家统计和经济研究所（Insee）：《公共财政.国家财务——2010 基准》，insee.fr。政府和公共机关有其他收入来源，在 2014 年占国内生产总值的 8%。

[②] 国民议会、总统府（la Présidence de l'Assemblée nationale）2015 年 10 月 8 日收录的第 3110 号报告，以财政委员会的名义，关于 2016 年财政法案。

2015年带来了270亿欧元的税收。重要性第二名的税种是电力公共服务捐税（CSPE, contribution au service public de l'électricité），2015年带来22亿欧元税收，并资助了可再生能源。地区最终电力消费税（taxe locale sur la consommation finale d'électricité）在2015年带来22亿欧元税收，交通工具牌照登记税是23亿欧元，家庭生活垃圾清理税是65亿欧元。另一方面，在2014年财政激励上，估计政府给出了110亿欧元的预算：为能源改建工程降低增值税，能源产品国内消费税（TICPE）对生物燃料部分免除，能源过渡税额抵免。

不过要注意，法国还保留着一些"反生态"的税收收益，虽然在减少，但依然很多：柴油的能源产品国内消费税（TICPE）比汽油低，政府成本是50亿欧元，飞机煤油免除能源产品国内消费税（TICPE）是27亿欧元。2014年行政法令中确立的气候能源捐税，在2015年引起柴油每升提价2分钱。以这样的进展，能源产品国内消费税（TICPE）在柴油和汽油之间的梯度收税最早也只能等到2022年才会实行。

瑞典：竞争型生态税案例

瑞典的例子展示出在一个开放型的经济中，有可能设置一种有效率的生态税，同时保住竞争力。1988年，绿党参选使得碳税从1991年开始设立，其收入重新分配，尤其是以减轻劳动收入税的形式进行了重新分配。能源税和环境税彻底重组，为的是让这些税种成为推动能源经济、保护环境的工具。比如，地方级的大气污染（硫和氮的氧化物）往后以高水平征税（每 kg 硫 3 欧元，每 kg 氮的氧化物 4.5 欧元），这个措施的高效力令人赞叹：4 年内二氧化硫排放减少了 30%，氮的氧化物减少了 60%。例如，对氮的氧化物征的税又重新分配给工业团体，激励他们使用降低污染更显著的技术，同时也不影响他们的单位成本，于是就不会降低他们的竞争力。碳税让 1990 年到 2007 年取暖系统相关的碳排放减半。

由于这样的税收大改革伴随着对于真实个人及公司的减税，它在政治上和社会上接受度都不错。1991 年它被引入时，瑞典正遭受严重的财政赤字（占国内生产总值 10%）以及极高的强制缴费水平。绿色税收改革就是用于修复这些错位：企业税税率从 53% 降到 30%。如今瑞典的公司税是 22%，社会分摊金是 31%，而整个国家呈现出非常棒的经济表现。别忘了瑞典是欧盟成员国，但不属于欧元区。

过渡税的指导性准则

对产生污染的活动征税是一种手段，将市场尚未承担的成本重新引入：生物多样性的削弱、气候变暖、空气污染、水污染。重新定位经济意味着总财政负担不增加[①]：绿色税收应该代替其他的调控手段，而不是在原来的基础上增加约束，这样才能把社会问题和环境问题联系起来看待，而不是使二者对立。例如，减轻劳动税，相应地对采掘和使用自然资源和影响环境的活动加大征税力度，这样可以鼓励投资者们通过自主评判选择更多支持人道活动，更少支持对环境的过度利用，毕竟过度利用环境造成的恶果最终还是要由政府买单（国民健康、污染治理、整修）。

不过能源过渡的税收政策还是免不了"越是可行收入越低"的一般机制，课税基数削减，全球税收因而减少。法国限制实行的能源气候捐税，旨在加强现存税种，同时修正对底层低收入家庭产生的影响，尤其是那些因能源问题状况很不稳定的家庭。因此税收是能源过渡政策的重要支柱之一，没有碳价体系就不可能产生效力。

货币创造

为了资助能源过渡，还可以创造并印制出更多的钱。这个提议听起来怪怪的，因为货币创造话题是一个真正的禁忌。我们将试图了解为什么，然后以欧元区为例，剥开这个问题

[①] 平均来讲，因为总会有整体下降的挑战，可以通过所得税和动产所得税改革来处理，这里我们就不作讨论了。

的神秘外衣。

禁忌之源

货币创造常常不被看好,它从根本上应该是有害的,不能产生任何经济活动,尤其是能带来通货膨胀的经济活动。不需要转入漫长的发展史,确实很多次货币危机都是源于这个禁忌。

在德国,1923年的危机激起了极度通货膨胀,其规模(见图4-2)大到在我们的印象里一个普通德国人推着一手推车的纸币去买日常用品。这场危机主要是由《凡尔赛条约》和同盟国对于修复战争损失的过度要求引发的;让印钞机翻滚起来是一个(徒劳的)尝试,以图避开这道铁一般的枷锁。多亏了德意志帝国银行(Reichsbank)行长亚尔马·沙赫特[1](Hjalmar Schacht),德国翻过了这一篇章,接着却陷入了1929年的危机,一场通货紧缩在总理海因里希·布吕宁(Heinrich Brüning)的严格措施下更加恶化,使得希特勒轻松上位。1933年起德国复兴,使600万德国人重新就业,这

---

[1] 参见布夏尔·让-弗朗索瓦(Bouchard Jean-François):《魔鬼银行家》(*Le Banquier du diable*),巴黎,马克思·米罗出版社(Max Milo),2015年;《前白宫官员警告,世界很危险,濒临崩塌》,KingWorldNews.com,2014年12月31日。

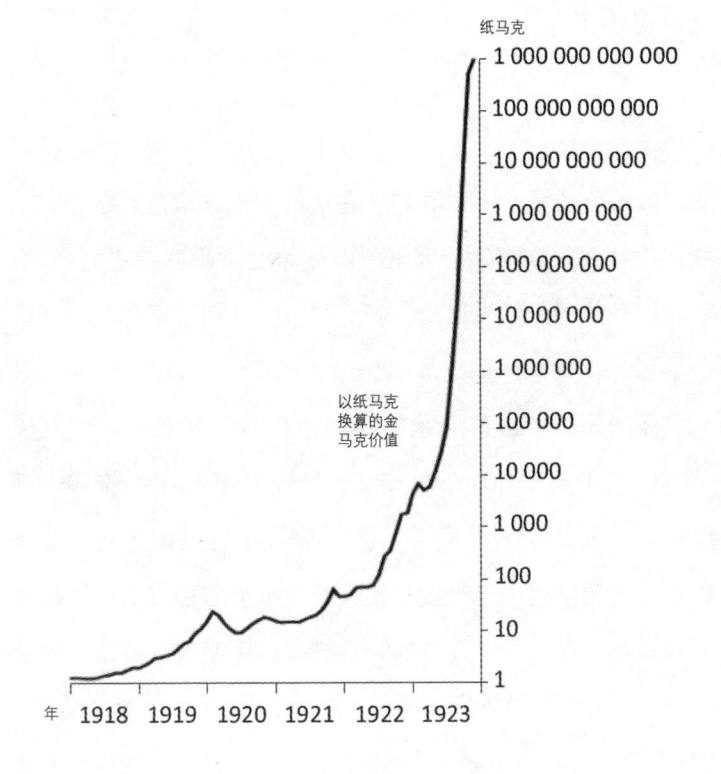

图 4-2　一盎司黄金价格曲线

来源：《前白宫官方警告：世界很危险，濒临崩盘》，KingWorldNews.com，2014 年 12 月 31 日。

场复兴得到资助也是多亏了同一个亚尔马·沙赫特（Hjalmar Schacht）创造了就业汇票"Mefo"，一种准货币形式。第二次世界大战之后，德国遭遇了新一轮的通货膨胀，多亏了德国马克（Deutsche Mark）的创造及适当的部署才找回了货币稳定。从那以后，中央银行独立，政府被禁止干涉货币创造，这被大部分德国人视为不可触犯的货币政策支柱。因此我们在欧元创造中与它们重遇，放弃马克是以此为代价。

更普遍地说，历史上有过很多极度通货膨胀的篇章：从约翰·劳（John Law）的实验失败到法国大革命指券（assignat），从20世纪80年代的拉丁美洲经济[1]和1993年的南斯拉夫到21世纪初的津巴布韦。

货币创造的禁忌还有着意识形态甚至是神话宗教方面的渊源。因此，在2012年，德意志联邦银行（BUBA, Deutsche Bundesbank）行长延斯·魏德曼（Jens Weidmann）反对名为"直接货币交易"[2]（OMT）的货币创造方案，这个方案是由欧洲

---

[1] 参见阿兰·格兰德让和加布里埃尔·加朗（Gabriel Galand）：《货币揭秘》（*La Monnaie dévoilée*），巴黎，哈马顿出版社（L'Harmattan），1997年；米歇尔·阿耶塔（Michel Aglietta）与佩皮塔·乌尔德·阿梅德（Pepita Ould Ahmed）、让-弗朗索瓦·蓬索（Jean-François Ponsot）合著：《货币.债与主权之间》，巴黎，奥迪勒·雅各布出版社（Odile Jacob），2016年。

[2] 直接货币交易（Outright Monetary Transaction），2012年9月6日发起的交易，宣布欧洲主权债券在一定条件下可无限次转卖。这个交易很明显是基于欧洲中央银行的货币创造。

中央银行（ECB）行长马里奥·德拉吉（Mario Draghi）发起的。在他的一场演讲中①，他引用了歌德②的《浮士德II》，并回顾了一幕场景，缺钱的帝王对他人给出的审慎建议感到厌倦，宣布："我受够了这些没完没了的'可是'和'如果'；我缺钱，那就多造点钱咯！"魔鬼梅菲斯托完全同意这位君主的意见："我会创造您想要的东西，甚至创造更多。"故事的结局显然很糟糕……

这段暗示可以单纯被当作文学素养展示，假如《浮士德II》的这段引文没有被刻在德国中央银行的墙上的话，走进这座现代神庙时，不可能想到浮士德。其实，这段对货币创造的批判仅限于认为唯有"印钞机"（中央银行创造的货币）才是引发通货膨胀的。它忘了说明，货币创造的主要部分是由所谓的二级银行完成的，这些银行或公共或私有，那里有我们的银行账户。

银行创造货币

货币是一种交换契约：您和我之间可以创造货币，我们

---

① 罗马里克·戈丹（Romaric Godin）：《德意志联邦银行面对欧洲中央银行拿出文学批评武器》，latribune.fr，2012年9月21日。

② 德国文学天才，1749年生于法兰克福。法兰克福是欧洲中央银行和德意志联邦银行的所在地。

商量好一个货币单位的价值，以及给交换货物定价。这样我们就创造了一种所谓的区域货币，可以在我们之间以及加入使用者行列的人之间流通。实际上，法国现存二十来种区域货币[①]：图卢兹的索尔-维奥莱特（sol-violette）、巴斯克地区的厄斯科（eusko）、布雷斯特的艾奥尔（héol）等。但是这些货币只能被"非常有意愿使用的人"接受：它们不能在法国所有领土上实现交易，也不能支付所有类型的交易。如今法国领土上唯一合法的普适货币是欧元，从1999年1月1日起生效；这是法国政府的决策。欧元是唯一一种用它来还债和付费不能被拒绝的货币。我们现在要讨论的就是欧元。

货币创造的概念或许对于不太关心经济学的读者来说很陌生。钱还能造出来？确实！但是这里所谓的钱（或者"货币"）是什么？经济学家们把所有硬币、纸币和活期存款（持有者能随时将活期存款提现——硬币和纸币）的组合统称为M1。在欧洲，2016年1月，有250亿欧元以硬币形式流通，1万亿欧元以纸币形式流通；对于一个货币总量为6.6万亿欧元的M1来说是很少的[②]。欧元区2014年的国内生产总值为

[①] 更详细的分析参见让·嘉德雷（Jean Gadrey）的文章，《"补充"货币构成（金融、生态和社会、人口统计等）危机解决方案的一部分》，alternatives-economiques.fr，2016年1月27日。

[②] 欧洲中央银行：货币统计表。

10.1万亿欧元,所以M1的货币总量占国内生产总值65%(换成经济术语,我们说"现在货币流通很慢")。

谁在"创造"和"印制"钱?引用法兰西银行的话:

在法国,硬币(金属或附属货币)由国家(巴黎钱币博物馆)生产,纸币(信用货币)由法兰西银行制造。

今天,硬币和纸币只是"货币"总体中的很小一部分。在欧元区,90%货币都是由代表货币(monnaie scripturale)构成的,也就是说在银行账户上书写记账。

这些书写记账的手法就是货币创造的来源,更确切地说,是代表货币的来源。一家商业银行给一个经济主体(比如个人或企业)发放贷款,其形式其实是立刻把通过的贷款金额存放到这个经济主体的账号上:所以我们说"贷转存"。这样的货币接下来可以转换成信用货币,只要在商业银行窗口提取就行。归根结底,正是这些商业银行通过授予经济主体贷款,"创造"了货币[①]。

一场借贷中创造出的货币,在偿还时就被销毁了。还有很多其他货币创造的案例,在法兰西银行的这份简化版说明里没有提及。当您在您的银行窗口存下一种外汇,银

[①] 法兰西银行:《谁在创造货币?》,《简短回声》,banque-france.fr,2015年12月。

行会创造欧元来购买这个外汇（相应地，当您买一个外汇，用于这笔购买的欧元就被销毁了）。更普遍地说，任何银行债务增加都使货币销毁[1]。相反，任何银行债务减少都会导致货币创造。银行每次购买或支付都会创造货币，每次售出或存款入库都会销毁货币。为了确认这一点，我们可以观察到，当银行要结清一笔支出，它会"对它自己"开支票。当银行付款，它会直接把人员账户计入贷方，把它的债务账户计入借方[2]。

货币创造的这种非常特殊的力量，得到授权的只有严格意义上的银行机构[3]，它们可以同时收集金钱并发放贷款（其中有交易）。非银行金融机构不能创造钱：它们不能借出钱，除非它们同时有借入。它们还在一家"真正的银行"里拥有一个银行账户。"影子银行"也是这样的情况。

重点是要理解商业银行并不满足于转借它们已经拥有的

---

[1] 这个机制，当我们关注细节时会发现它很复杂，让·巴亚尔（Jean Bayard）却做出了很清楚的说明：《货币，经济生活来源》，bayard-macro-economie.com，2015年5月21日。

[2] 参见让-玛丽·杰兰（Jean-Marie Gélain）：《银行会计学》（La Comptabilité bancaire），巴黎，银行出版人杂志（La Revue Banque Editeur），1992年。

[3] 参见法国银行联合会（Fédération bancairefrançaise）：《法国银行系统组织结构》，fbf.fr，2014年9月30日。

存款，也不满足于把它们会从央行收到的钱转交给债权人：它们是造钱中非"硬币和纸币"的那一部分的源头，也就是我们所谓的代表货币。这件事在经济学课堂上会教，大家都很熟悉[1]。但是还有一些根本的问题。第一位获得瑞典银行经济学奖的法国经济学家莫里斯·阿莱（Maurice Allais）说明了在伦理的层面上这非常值得商榷：

"从本质上来说，银行系统目前无中生有的货币创造——我毫不犹豫地讲出来，是为了让大家明白什么才是真正的问题——和伪币制造者印制假钞是一回事，如果法律能公正判罪的话。实际上两者的结果是一样的。唯一的区别是既得利益者是不同的群体[2]"。

按照他的主张："货币创造应该属于国家，且只属于国家[3]。"

---

[1] "分数储备"（réserves fractionnaires）理论是错的，根据这个理论，银行里某些客户的存款是银行向任何申请者授予贷款的先决条件，正如前面引用的法兰西银行的注解说明的一样。

[2] 莫里斯·阿莱（Maurice Allais）：《当今世界危机. 为了金融和货币机构深化改革》，巴黎，克雷芒·于格拉尔（Clément Juglar）出版社，1999年，第110页。

[3] 莫里斯·阿莱（Maurice Allais）：《当今世界危机. 为了金融和货币机构深化改革》，巴黎，克雷芒·于格拉尔（Clément Juglar）出版社，1999年，第95页。

我们会在后面讲到这个尚待争议的选择可能面临的宏观经济挑战，货币这种公共财产也可能委托给私人部门，但是现在先来了解下货币创造的原理。

央行保证监控代表货币的创造，这当然是很必要的，有两个原因。第一个原因涉及每家银行的平衡。如果一家银行搞砸了，比如借钱给没有偿还能力的客户，这笔收不回来的金额银行只能算作亏损；如果银行资本不足以消化这笔亏损，就存在破产的风险，这样它就没有资格继续吸收存款，否则它的破产很可能牵连存款人。关于这个话题可以注意一点，"银行"（banque）这个词和"长凳"（banc）有着同样的词源，这和威尼斯港口上的银行[①]交易都是在长凳上完成有关：当一个商人没有得到付款，他的长凳会被折断（"banco rotto"，折断的长凳，就是"banqueroute"一词的来源，它的意思是破产），表示他不再有资格在那里交易。

第二个原因是出于宏观经济的考虑。如果商业银行创造太多钱，与国家可支配资产等量，这些资产价格可能升高，引起资产和服务的价格膨胀。这里立刻需要注意的是，货币创造的效果必定是把双刃剑：它的诞生是为了提供贷款，也就是说与资助的需求有关，那么它就能给经济活动的规模带

[①] 最古老的欧洲银行，意大利西雅那银行（Monte Dei Paschi di Siena）建于1472年。

来影响，这笔贷款能使活动扩大。但是如果遇到瓶颈的话，申请的贷款可能激发不出更高的经济活动水平（就像更前面提到的房地产二级市场）。

货币创造不是奇迹

当我们和帕斯卡尔·冈范一起执行任务，和法国财政部长（管理局或内阁）关于特别提款权（SDR）展开意见交流时，我们提议货币回收甚至货币创造，他表示反对，认为货币创造不是奇迹。我们确实被说服了。货币创造既非祸水也非奇迹。二级银行[1]的日常操作，货币创造，正如它的名字所指，可以让经济主体支配货币（"monnaie"，经济学术语，从英文的"money"翻译过来，在日常说法里是"钱"的同义词），它是一种资产，这种资产的特点是，在它被认可的国家里，能够取消任何"有形"债务——我们在此不谈心理债或道德债。因此银行实际上创造了一种购买力（在货币销毁的对称机制作用下，当负债被偿还，这种购买力也同时销毁），不过这种购买力能否对实体经济产生影响，还要看具体情况。

如果经济过热，有很好的理由相信，增加货币创造将意味着首先价格会提高。相反，如果经济紧缩，经济活动的参

---

[1] 不管是公共还是私人，都与垄断了纸币发行的中央银行对立，中央银行的货币（所谓的中央货币）不在经济中而只在银行间流通。

与者们，购买方或投资方将等待持续降价；其他人会等待购买方的决策……在这种情况下，货币创造最后只会变成储蓄，不能产生任何经济传动效应。这也是欧洲中央银行"量化宽松"方案失败的原因。它注入的不是代表货币（经济主体账户上的信用钱币），而是本想用于激励借贷（代表货币）的"中央"货币；但是在通货紧缩的大环境下，预期价格下降，参与者们更倾向于不要使自己负债，甚至正在想办法免除债务。一样的没有效果。

在本书中，我们主张借助货币创造，在良好的条件下促进一些项目资助，一些应该获得公共力量和这类激励支持的项目。如果不推进项目、不修正公共赤字的计算以免它继续吸收投资，货币创造将不过是一把无柄之刀。

目前在欧洲，人们对资产和服务价格膨胀的恐惧与货币创造紧密相连，显然是过分夸大了：我们正在经历一个价格不变甚至持续下降的时期，也就是准通货紧缩。当然，在经济主体（企业、业主、零售商）能够确定价格的经济体系下，通货膨胀如果不均匀，则会引发混乱，比如说物价上涨而工资不上涨的情况。但如果是相反状况，销毁的钱比创造的钱多，这样从宏观经济的角度讲问题更严重。这就是1929年发生的事情，因为缺少流通货币，银行资产负债表里的一系列存款最终引发了经济崩塌。所以我们现在就明白了，货币创造应该被密切监管。

控制货币创造

央行可以通过4种方式监管货币创造：跨银行管理、审慎监管、央行贴放利率、存款准备金。

从微观经济的角度讲，商业银行平时都在被监管：它们的资产负债表每晚18点钟信用市场关闭时都会交给央行。如果资产负债表不平衡，比如因为A银行发放了贷款，而客户把这笔贷款的钱转到了B银行，央行将会"强制"B银行借款给A银行。这里说的就是"跨银行"账目。如果有必要，央行会借钱给那些跨行也不能使资产负债表平衡的商业银行。这样，每一家银行的资产负债表都会在晚上平衡，准备好次日早晨以一个平衡的基础开张。目前在法国，银行资产负债表的三分之一是由这些所谓的跨行账目构成的，这表示这些银行在结构上彼此十分依赖。

此外，这些银行有责任遵守审慎规则，并计算法定比率上报央行，这些法定比率在法国由审慎监管与处置局[①]（ACPR, Autorité de contrôle prudentiel et de résolution）负责监

[①] 审慎监管与处置局（ACPR）局长是法兰西银行行长。

管。这些比率包括"偿付率、高风险率、杠杆率和流动率"[1]。这些比率（也就是大家知道的巴塞尔比率，因为巴塞尔委员会是它的源头，尽管它只有建议权）强烈地引导着银行的决策。它们的首要职能是限制银行的货币创造权，限制银行承担的风险，因为这些风险最终会给经济施压。不过在实践中，这些比率也是管理指南：在其他条件一样的情况下，银行会优先通过回报率最高的贷款。由于审慎比率对贷款的收益会造成影响，也就影响了银行的经营选择。比如，国债零风险的加权激励银行优先持有这种类型的债权，而不是贷给中小型企业，中小型企业贷款的风险权重高，取决于历史上观测到的亏损率。

银行审慎监管：三条巴塞尔协定

银行活动的国际审慎监管源于1973年布雷顿森林协定破裂，当时银行资产负债表里出现了汇兑损失，导致银行体系失衡。G10[2]的央行高层们在1974年创建了一个机构，后来成为巴塞尔委员会，如今涵盖28个裁判管辖区。它颁布的文

---

[1] 更多细节参见法兰西银行审慎监管与处置局：《CRDIV审慎比率计算方法》，2016年6月30日。

[2] 德国、比利时、加拿大、美国、法国、意大利、英国、瑞典、卢森堡、日本、荷兰。

书没有法律强制力，只是监管，而非法令。接下来由在这方面拥有主权的国家政府来决定是否将委员会的建议记入法案。目标是在国际范围内增强银行体系和银行集团合并账户的稳定性。委员会代表国所有从事国际交易的银行都会受邀采用这些协定。

巴塞尔资本协定（Bâle I）于1988年颁布，1992年底之前实行。内容包括要求银行资本对风险加权信贷规模的比率最低为8%。风险评估的依据是借款者的司法属性和外部评价（评价机构）。1996年，主管部门把市场交易（以转卖为目的而入手的金融产品）也纳入管理范围，其风险由一些银行内部模型也就是所谓的风险价值（VaR）模型来评估，它是基于历史亏损数据。

这个体系在2004年演变为新巴塞尔资本协定（Bâle II），并在2006年进行了修订。主要的演进是银行可以根据它们的内部模型评价信贷风险，而这些模型可以由主管部门来验证有效性，并且有了更多市场风险计算的精确方法论。

2008年的危机显露出银行机制的严重缺陷。2010年到2013年，巴塞尔协议III（Bâle III）处于制定阶段，2015年到2019年会逐步实行。这个体系的本质没有变。负债率、流动率和长期资源率都是很慢才被引入的；最低资本率从2015年起加强到占硬资本（股票）的4.5%，并且一个追加资本保留垫也逐步引入（2009年为2.5%）。

从宏观经济的角度讲，央行调整贴放利率，也就是跨银行贷款的利率，还有银行应用于利率差额的基础参考比率。如果央行认为商业银行货币创造太快，它们就会提高贴放利率。这会使贷款更贵，因而更难发放，迫使银行要为它们从央行那里收到的贷款支付更多的利息。

最后，商业银行有责任在中央银行存放一定比例的特定种类存款（在欧洲是国家级的中央银行，比如说，应该是法兰西银行，而不是欧洲中央银行）。这些存款准备金是货币政策的调控工具，让央行可以在必要时提高准备金的额度，减少银行活动总量。目前，欧洲的存款准备金比率非常低（低于两年的存款的1%），但是在类似中国这样的国家则很高（20%左右），实行积极的信贷监管。

银行调控的缺点与流通货币控制

我们刚刚已经做了一个简化的说明，多亏了现行的所谓"审慎"监管，"主管部门"希望同时避免过度货币创造和破产风险。我们在2008年危机时看到，当时的部署非常缺乏效率。从那以后，监管加强，但是仍然有理由担心它做得仍然不够。在实践上，央行始终没有办法限制银行贷款给有风险的经济活动（对于银行来说是回报最高的，除了系统性危机的情况）。特别是，有人认为，货币的需求源于央行对银行的限制，这种想法是倍增器理论的源头（流通货币将是中央货币的翻倍），这是完全错误的（参见下文的"倍增器神话"内容）。

但是自从2010年以来，中央银行关注于一个相反的风险，通胀率太低甚至通货紧缩的风险，试图使通胀率回升，促进信贷，几乎无限制地授予二级银行流动资金（量化宽松）。涉及的金额巨大。2008年和2014年之间，中央银行的资产负债表清楚地显示流动资金的变化：美联储（FED）从2万亿美元升到4.5万亿美元，日本银行从1万亿美元升到2.5万亿美元，欧洲中央银行从2万亿美元升到3万亿美元。

这个政策至少在日本和欧洲行不通。对于欧洲来说，原因很简单。能够重振经济活动的是"真实"领域里的需求，企业在没有订单的情况下是不会投资的。而当经济处于准通货紧缩状态时，私人参与者（家庭和企业）都持观望态度，更倾向于想办法免除债务，等待未来的物价降低。这就是著名的"流动性陷阱"[①]现象。如果政府和公共团体在亏损水平上被严格的规则限制住，如今的《欧盟基本条约》（TEU）就是这样的情况，那么整个经济都卡住。唯一的出口将是朝向外部的大规模商业发展；但是为了让这个杠杆运行起来——在一个全球范围内非常开放且越来越开放的经济环境下——

[①] 参见盖尔·吉罗（Gaël Giraud）：《金融幻觉》（Illusion financière），塞纳河畔伊夫里，工作室出版社，2014年，第122页。

必须使整个欧洲经济相对于它的竞争者们表现得更有竞争力，而由于一些让我们无法庆祝的社会和环境的选择，这是不可能的。简而言之，量化宽松经济并不是很有效；相反它很危险，因为它会促进银行市场的活动（衍生产品及其他），这些都是系统性风险的源头。

略为直白地总结一下，很明显，目前的机构性部署不能进行很好的货币监管，不管是从限制私人银行活力过剩的方向，还是从目前经济中信贷不足的方向。相对于能源过渡需要的可观投资量而言，它还有一个附加的缺点，丝毫不能引导或者赋予优先权。

倍增器神话

因为二级银行需要中央货币，尤其是为了避免潜在的流动性危机，长久以来教给我们的是，流通货币（M1）是中央货币（M0，中央银行拥有的货币总体）的很多倍。因此控制了 M0 应该就足以控制 M1。这个"理论"被事实反驳了，正如经济学家史蒂夫·基恩（Steve Keen）展示的那样[1]。在最近一段时期我们也能很简单地看到这一点。我们很容易明白为什么；如果一家银行需要流动资金，它会向中央银行申请，

---

[1] 参见史蒂夫·基恩（Steve Keen）：《经济诈骗》，塞纳河畔伊夫里，工作室出版社，2014 年。

而中央银行为了不在资产负债表的存款上冒险就会批准。反之，如果商业银行没有申请贷款，它就不会"使用"中央货币，而只是试图在尽可能不差的条件下重置货币。总之，就是贷款需求（货币需求的主要来源）生成了从中央银行输出货币的要求。

《马斯特里赫特条约》给货币造成的影响

《马斯特里赫特条约》基于一个明确的协定：德国不接受放弃马克，除非欧元的管理方式跟马克一样，也就是通过一个独立的中央银行来管理，这个央行不可能贷款给美国或者公共团体（参见《欧盟基本条约》（TEU）第123条），并且欧元区的所有国家都有严格的预算限制（按照著名的马斯特里赫特标准，公共赤字不能超过国内生产总值的3%，公共债务要低于国内生产总值的60%）。德国在这个问题上有过教训，因而得出这条法理，它的思想依托是政治权力不能管理货币，就该紧紧地约束政府支出。

与普遍采纳的观点相反，法国国库从20世纪50年代起逐渐沿着这个方向进行部署。1973年法兰西银行给政府预支款，这个非常著名的最终篇章只是一个加冕，后面还有国库以"德国"模型展开实践的漫长过程①。"国库流通"让法国政府在战后重建时期轻松完成自我资助，调动储蓄和货币创造，已经逐步取消（参见文末的"国库流通，为何政府不需要负债"）。当时有种明确的共识，为了稳健管理，公共债务应该使政府付出与所有人一样的代价。这些变化的主要启发者之一，财政监察员让-伊夫·阿伯雷（Jean-Yves Haberer），1978年任国库总管，这些改革是要"迫使政府像借款人一样活着，也就是说政府要像一个借款人一样顾忌到借款和债务成本的问题②"。只有这样政府才能学会不用光它的赤字限额。从那以后，政府彻底失去了造币的至高权力，并将之转让给私人银行，只能按照市场条件借款来偿还它所有的债务。

2014年，法国政府为其债务利息支付了430亿欧元，同时偿还了1350亿欧元本金，也就是说债务总金额达1780亿

---

① 参见本雅明·勒穆万（Benjamin Lemoine）：《债券的价值．政府对抗法国公共负债》，社会学论文，2011年12月21日于巴黎高等矿业学校（Mines Paris Tech）答辩，论文导师：国立巴黎高等矿业学校社会学创新中心（CSI）研究方向导师米歇尔·卡隆（Michel Callon），以及国立巴黎高等矿业学校社会学创新中心及法国国家科学研究中心（CNRS）研究负责人雅尼克·巴特（Yannick Barthe）。亦可参见本雅明·勒穆万（Benjamin Lemoine）：《债务的秩序．政府亏损及市场财富调查》，巴黎，发现出版社（La Découverte），2016年。

② 见于本雅明·勒穆万（Benjamin Lemoine）：《债务的秩序．政府亏损及市场财富调查》，巴黎，发现出版社（La Découverte），2016年，注26。

欧元。同年政府收入高达5000亿欧元[①]，那段时期利率特别低（目前所有期限的利率都低于2%，哪怕是最长的那些[②]）。不过很容易发现，在经济增长的情况下，如果其他东西都一样，必须增加货币量。如果国家由于一些教条的原因没能掌控货币创造，利益会回流到银行部门。

非常具体地说，20世纪80年代起全面推行的部署迫使政府为了偿还债务而求助于金融市场（实际上就是银行和机构投资者）。然而欧洲中央银行后来实行的量化宽松政策又让银行可以以几乎为零的利率补充资金。自那之后银行成了交易的主要受益者，因为它们可以借钱给国家，利率远远高于资源成本（这些成本一部分是免费的，来自货币创造，还有一部分近乎免费，来自中央银行的预支款）。这样就可以明白这个选择引发的后果是多么令人眩晕，尤其是再回想起债务的利息又会加重债务本身（在支付利息费用之前，一级预算差额为零或负数）。公共负债扶摇直上，说到底主要是由公共力量需要支付的累积利息，正如图4-3所示。简而言之，免费造钱的（至高无上的）权力变成了负债的义务，还要为所负的债务支付利息。

[①] 法兰西共和国：《2014年国家财务总览.支付、预算和财务批准法案附录》，第7页。

[②] 参见法国国库机构：《法国国债利率曲线》，aft.gouv.fr，2016年6月。

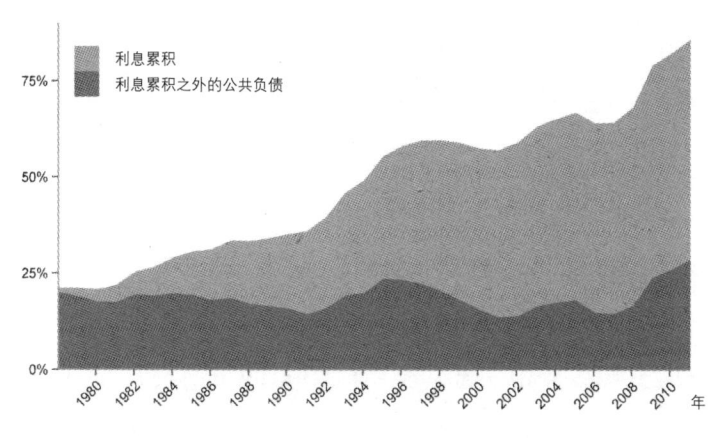

图 4-3 公共负债变化图

来源：盖尔·吉罗、弗洛朗·麦克·伊扎克和罗西·阿比·哈菲，《法国公共负债是否能为严格预算正名？》，2012 年索邦经济中心研究资料。

接纳马斯特里赫特还是对它进行深度改革？

欧洲联盟条约旨在完全剥夺国家创造货币的权力，让它们被迫保持预算收支平衡。如此便赋予银行（中央银行和商业银行）相当可观的权力，使它们获得了完整的货币支配力，而让政府无法做出重要的宏观经济决策：它不再拥有货币杠杆，而预算杠杆对它来说又代价高昂。预算杠杆还被欧洲一种特别复杂的管理模式制约着，对于所有不了解欧洲机构的人来说非常难懂[1]。政府的这种无力在经济衰退乃至通货紧缩

---

[1] 参见欧盟委员会：《变中求胜：欧洲半年》，ec.europa.eu。

的情况下尤其容易造成损失，公共部门是唯一可以行动的部门，当且只当它支配了预算杠杆和货币杠杆这两个杠杆（前面我们已经看到了量化宽松政策的限制），但眼下的情况并不是这样的……在像今天这样，为了能源过渡，必须大规模而快速地进行经济转型时，这种无力同样会造成损失。怎么办？

欧盟委员会（European Commission）规划了一条路线，借助于 2015 年中发起的容克计划（plan Juncker），而欧洲中央银行那边则非常"将就"。容克计划希望通过欧洲投资银行（EIB）筹集 3150 亿欧元的投资，计划勉强起步，尚且无力应对挑战。总体上，主张靠投资重振经济的呼吁增加了。2016 年 2 月，经济合作与发展组织（OECD）很担心世界经济局势，为公共投资复兴而辩护[1]。我们在这里辩护，希望能够为生态能源过渡实际发起一个大的公共和私人投资项目。不能指望欧洲联盟条约突然地改头换面，通过公共投资银行调动一部分欧洲中央银行创造的货币还是有可能的。很简单，这些公共银行可以发行债券，由央行购买，必要时直接优先于其他手段采纳。为了让生态能源过渡投资拥有优先权，还可以给"绿色债券"赋予绝对优先权（前提是这些债券本身要够好）。

---

[1] 参见经济合作与发展组织（OECD）：《世界经济增长继续乏力，需要公共力量紧急反应》，oecd.ord，2016 年 2 月 18 日。

不能忽略的是，投资公共支出直到今天都是和马斯特里赫特赤字合在一起计算的。除了党派协定，如今没有任何别的办法将这个计划从赤字标准中摆脱出来（这正是容克计划面临的状况，但是限制太严格），或者说这些标准最近的例外应用（比如2015年底恐怖主义事件之后与安全公约相关的变通做法）应该能使这条路更加符合实践。如果不是这样，那么应该考虑面对现实，更加深入地重新审视《欧盟基本条约》（TEU），这就超出本书讨论的范围了。

"国库流通"，为何政府不需要负债

社会学家本雅明·勒穆万（Benjamin Lemoine）发表了一篇论文[①]，论文回顾了20世纪50年代到70年代法国经济的资助模式，我们这里会展示几条大的框架。那时国库自己补充资金，不需要外部负债；储蓄比如今更少通过金融系统中转，并且银行系统扮演的角色大不相同。

重建：通过义务认购国库券控制银行系统

政府确实会为填补短时间内的透支而吸收储蓄，集合自身体系内所有货币资源，个人和银行机构都包括在内。不同

[①] 本雅明·勒穆万（Benjamin Lemoine）：《债券的价值：政府对抗法国公共负债》，同前。

的来源，所谓的"国库通信者"（correspondants du Trésor），供应着国库进账。一方面，一个在国库监督下的金融和银行机构网络：信托局（Caisse des dépôts）和松鼠储蓄银行（Caisse d'épargne）、农业信贷银行（Crédit agricole）、大型专业化机构（国家信贷银行、法兰西地产信贷银行）；另一方面，在司法意义上隶属于财政部的所有机构，必须由政府管理（预算辅助账、公共和半公共机关、地方团体、个人和企业）。从1944年到20世纪60年代中叶，这些存款为国库担保"自生资源"，而国库以被动的方式集中资金：流动资金都来到国库。国库流通以"自动"的方式掩盖赤字，使国家发行的中长期国债变得无关紧要，尤其让当局可以避免向法兰西银行请求预支款，央行预支款的最高限额提升（relèvement du plafond）需要经过议会投票。

财政存款最终通过银行系统，由"强制性"的国库券认购补全。从1948年起，所谓的"地板"系统实际上限制着银行在它们的证券投资组合中持有相当比例的债券，并保留这种义务认购（国债认购比例不能低于"地板"）。这种方法可以保证银行不会抛弃国家证券。"地板"迫使银行机构持有"公共票据"（effets publics）的体量与它们享有的存款增长同比例提升。短期负债的行政管理让国库享有资源，专制地进行自我定价，不用面对供需自由竞争，这给国库提供了一个通过引导银行存款控制货币总量的杠杆。

因此，法国短期债券（又称"浮动债券"）的发行方式与基于市场部署的英国债券发行相反，英国债券发行主要是通过证券"竞拍"，这种运作方式彼时在法国财政当局眼里充满异国风情。国家资助的这个"市场外"阶段从部分意义上讲是对一些应急约束专门定制的答案，如战后重建和马歇尔计划（plan Marshall）资金管理，如今的能源过渡资助，也是同类别的约束。货币和财政运作在这段时期与政府紧密地融为一体，国库可以同时监管银行和资助它的预算赤字。

20世纪60年代到80年代：国债走入市场

直到20世纪60年代，"债"的概念明确了，国库融资中"货币"和"非货币"资源之间的界限也渐趋明朗。随着通货膨胀的下降以及政府对货币限制的担忧逐渐变成公共权力日程表上的优先事项——代替了经济增长和满就业率的目标，货币和金融职能融入国库这种现象开始被人质疑。它们所容许的用以掩盖赤字的行政资助和国库便利，被国库的自由主义改革者们诟病，鼓励政府货币和预算无纪律，会放任通货膨胀一路狂奔。市场部署应该可以有助于分清"货币"资源和"非货币"资源之间的界限，更明确地区分外部收集的钱和国库流通过程中产出的钱。对于当局来讲，政府融资市场化就是阻止通货膨胀的一种手段。

从第五共和国的头几年起，国库券的"地板"部署变得灵活了，最终被摈弃，取而代之的是在拍卖系统上发行国库券——拍卖国家证券——模仿英国模式。这些变革的主要启迪者是让-伊夫·阿伯雷（Jean-Yves Haberer），他后来担任国库总管（directeur du Trésor），随后成为里昂信贷银行行长兼首席执行官，这些改革旨在"迫使政府像个债务人一样生存，也就是像个债务人一样纠结于借款和负债的成本"，在那个时期很难想象。

至于国库票据的变革，我们可以见证到政府内部货币和财政职能的分割。慢慢地，货币总量、银行存款和一般意义上的信贷的控制权都外化了，授予银行更多自主权，并赋予法兰西银行一个更加重要的角色。1985年后，资本市场自由化，中长期市场债务的开发成为回应政府预算赤字融资的唯一答案。政府国库票据改革渐渐重构了政府、银行、资金市场之间的权力关系，以及高级公务员给它们设定的角色。

20世纪80年代起，负债的政府参与国际金融市场竞争

从1985年6月起，"拍卖"系统从短期债券扩展到中长期国债。销售技巧、拍卖的普及以及"主权"产品的复杂化改变了债券的受众：只有在法兰西银行拥有现金账户的信贷机构才能参与竞拍。这些革新旨在令债券变得对投资者来讲更有吸引力。因此，银行、邮局和税务局经销公共债

券，由个人"实际"购入并"切割息票"（découpaient leurs coupons），这样的情况逐渐消失，尤其是在证券非物质化和公共债券市场职业化的影响下。个人主要是在可变资本投资公司（Sicav, sociétés d'investissement à capital variable）受邀关注保险合同，而不是"直接"关注国家债券。只有国内和国际金融机构能购入主权债券——比如保险公司或国际债券基金。法国国库努力实行标准化的债券票据，它很容易上市和变现，其灵感很大程度上源于很多高级公务员非常欣赏的"美国模式"。从大西洋彼岸的美国引进的系统可分解为三种票据："短期债券（bills）、中期债券（notes）和长期债券（bonds）"，在法国变成了固定利率预计利息国库券（BTF）、年利率国库券（BTAN）和可替代国债（OAT）[1]，对应的是债券的不同成熟度（借款时长），简略地说就是短期、中期和长期。

以征服流动性和法国债务竞争性的名义，"国库人"（Trésoriens）在国际范围内实现了一些市场交易，就是所谓的"路演"（road shows），在这个过程中债券被展示给债券人——债券基金、机构投资者。从1987年起，政府在自己周围设立"合伙"银行网络，一个负责"做市"（market

---

[1] 全称分别是"bon du Trésor à taux fixe et à intérêt précompté""bons du Trésor à intérêts annuels"和"obligations assimilables du Trésor"。

making）的俱乐部，也就是定期参与拍卖，增加国家的金融反馈，激活国家证券的投机市场。这种银行网络的创造，我们称之为"国库专门交易商"（spécialistes en valeurs du Trésor），也是从美国引进的形式，所谓的"国债一级自营商"（primary dealer），指的是在美国联邦储备银行身旁工作的银行——"邻近交易商"（dealers de proximités）。国库代表们成了"共和国旅行代理推销员"（VRP de la République），在全世界展示法国债券发行的高效性，旨在赢得私人投资者对于国家贷款的信任。在1990年到2010年间，国库代表们穿梭于日本、海湾各国、中东、美国等地，趁着周游列国的机会展示本国金融现代性。如今，64%的法国债券由非居民购得（20%由法国保险业者购得，10%由法国银行购得）。

重回债券资助政府的选项

所以公共负债的"市场化"管理不是必然，尽管如今的主流观点仍然把它当作唯一的选择。为了面对能源过渡的挑战，不可避免地要赋予国债真正的"公共"维度。将国债缩至它唯一的预算维度也会导致将注意力聚焦于公共支出的负担，将社会性的国家贬低成一个代代相传却毫无产出累赘。面对气候变化和我们的经济向一个新的模式转型的紧迫性，必须跳出目前对于公共负债的看法，重建一个货币、预算和审计融资系统，让经济可以为国家提供管理能源过渡的资金。

第 5 章
金融界和市场都不能自发回应能源过渡的资金需求

"所谓的经济学是一系列天方夜谭的集合体,能将托勒密太阳体系里古老的地心说改头换面成一个极其复杂的模型。"

——史蒂夫·基恩,《经济诈骗》,塞纳河畔伊夫里,工作室出版社,2014 年,第 20 页。

"法国政治不是交易所里搞出来的。"

——夏尔·戴高乐,媒体会议,1966 年 10 月 28 日[①]。

---

① 可复查国立视听研究院(ina.fr)档案。原句中的"corbeille"(篮子)指的是证券交易所。以前的交易都是用喊的,围着一圈栏杆,形状像篮子,地点设在交易所广场布隆尼亚尔宫(palais Brongniart place de la Bourse)内部(现已私有化)。

1962年，生物学家雷切尔·卡森（Rachel Carson）让美国人警觉到杀虫剂的危险，然后又提醒了全世界[①]。1972年，丹尼斯和朵奈拉·梅多斯（Dennis et Donella Meadows）凭借数学模型展示出，21世纪可能是一个崩塌的世纪，起因是自然资源毁坏和污染激增。1990年，跨政府气候变化委员会（IPCC）交出了它的第一份报告，也就是26年前（本书写于2016年）。尽管科学共同体多次警告，尽管大家切实地意识到了问题所在，但是这种意识始终是少数派，必须觉察到，世界很少偏移"符合习惯"的日常轨道，并没有为对抗气候变化之战拨出很大一笔必要的资金，或者说得更概括一点，没有出力限制人类继续给自然施压。实际上生态系统在恶化，而没有意识到这一点的经济继续在发展：目前世界各国国内生产总值的增长率，很多机构认为太低，是每年3%（而这个增长率在100年里使这场增长中的所有功能参数都扩大了19倍，这可并非无关紧要）。一些经济决策者得到了情报，常常投入支持能源过渡的事业中。另一些人更倾向于表示否认或不知情，最好的情况是处于一种战略中，关于气候挑战的交流研讨代替了基本的决策和行动。不过经济决策者们（投资

[①] 雷切尔·卡森（Rachel Carson）：《沉默之春》（*Printemps silencieux*），巴黎，普隆出版社（Plon）；再版，马赛，野生项目出版社（Wildproject Editions），2014年。

者和企业领导）越来越常见地跃升为唯一决策者。国家如今面对私人债权人只有很少的回旋余地，它们要依赖这些债权人来补足赤字。40年的新自由主义思潮（doxa）的压力使它们交兵卸甲。

主流观点的教条

根据如今占支配地位的经济理论，市场是高效的。市场会趋于平衡，从经济的角度讲，这是最优的一种可能；社会不平等的问题被放在了第二位，交给重新分配政策处理，而这样的政策要取决于政治而非经济选择。经济能发展得更好，是因为国家将自己的角色限制在保证竞争"自由而不变形"上，拒绝进一步干涉。如果出现了不平衡（比如失业、就业供需之间失衡），市场会自行重新消化吸收，除非有一些"僵化因子"出来妨碍。说到具体的案例，这可以涉及最低工资（SMIC）或者如无限期工作合同（CDI）这样的劳动合同，它们在新自由主义教条的信徒们眼里不够灵活，这些信徒鼓吹"结构性改革"，这个说法指的是所有目的在于加强竞争、削弱国家职能、减少国家能给经济施加的社会和环境规范的措施。

1929年的危机以一种惊人的方式展示出，"回归平衡"是个天方夜谭，而当时的美国总统罗斯福被迫只能大肆干预，试图使经济重新回到正轨。一直到1939年，这个不幸的国家才终于彻底摆脱了那场危机，还要多亏了第二次世界大战初期从欧洲流进的大量订单（1936年罗斯福在反对党的压力下减缓了步伐）。约翰·梅纳德·凯恩斯（John Maynard Keynes）建立起一个新的理论体系，解释为什么生产力过剩的危机会降临。但是古典主义思潮的复兴（"新古典主义"这种说法的由来）及其数学发展的壮举，成功让我们忘记了这场惨剧，把凯恩斯的大部分观点流放到知识分子好奇心范畴[①]。这里我们并不准备从所有理论发展方向追随凯恩斯，而是要展示现在主流经济学理论如何维持市场高效的假象，特别是在金融领域，以及这些理论如何低估自由化的信贷扮演的引发不稳定的中心角色，尤其当信贷的资金来源是不受约束的货币创造时。

自由化的经济很难趋向于自然的平衡，它实际上会结构性、系统性地孕育泡沫和危机。泡沫让私人资本被高回报水平吸引，而生态能源过渡项目达不到这样的高回报要求。当国家在资助的接力赛上缺位，或者说不能规范或引导资本，让它们不要一窝蜂地流向看起来金融回报更高的项目，生态能源过渡就始终只能是一个美好愿景，其具体案例只是特例而非规则典范。需要赶紧强调的是，我们并不推荐回到财产

[①] 当然存在后凯恩斯思潮，但是并没有（或只有极少数）在那些被新古典主义观点支配的大型机构和行政部门中露头；这一方面的巅峰是由欧盟委员会达到的。

集体主义或者干涉主义的统制经济，我们只是观察到金融界也出现了"市场失灵"，因此不能相信金融市场能够以最优的方式拨动资本。我们主张对上述的金融市场进行规范调控。

市场：它的优点，它的局限

为了避免误解，我们感觉有必要明确一下我们关于市场经济所持的立场。市场经济体系中的各种经济决策是基于供应和需求的游戏规则，这个游戏规则大多数情况下是自由的，尽管部分受限于一些规范和规章。市场经济的说法与计划经济或集体经济对立，在计划经济或集体经济下，经济决策是由集权化的方式做出，并且需求不占任何权重，至少在体系之内没有（毕竟任何国内经济体系还是会和其他体系有所互动）。稍微批评一下市场，呼吁一下公共干预，就会被解读成拒绝"市场大坏蛋"（grand méchant marché）的标志，这毫不稀奇。《市场大坏蛋．一个法国幻想的破译[1]》是不知疲倦的市场拥护者奥古斯丁·兰迪尔（Augustin Landier）和大卫·泰斯玛（David Thesmar）所著的书。

---

[1] 奥古斯丁·兰迪尔（Augustin Landier）、大卫·泰斯玛（David Thesmar）：《市场大坏蛋．一个法国幻想的破译》（*Le Grand Méchant Marché. Décryptage d'un fantasme français*），巴黎，弗拉马里翁出版社（Flammarion），2007年。

简而言之，我们认为市场有着不可辩驳的优点（而且越来越无人辩驳），但也有着局限，通常被称为"失灵"，这也是不可辩驳的。旨在废免定价甚至废免货币的集体主义实验证实了这个强烈的直觉。按照一般的规则，经济活动通过市场进行去中心化协作，显然比集权化的计划经济更加有效。它使人们可以有选择地处理合适的信息和彼此有利的合同，通过价格进行激励，这比行政手段更加灵活。行政手段本身就会遭到多重压力，从一个明确的意图出发，由于程序复杂，通过很多低效率、适得其反或荒诞不经的法规逐渐具体化，然而这些都并非必要。

反之，市场不能有效运行的一些案例也都大同小异，包括在那些著名的新古典主义经济学家[1]那里。这涉及公共财产（bien commun）、外部性（externalités）和自然垄断的情况。公共财产在经济学上指的是所有物质和非物质的资源，是争夺型资源、非排他资源[2]。将公共财产以私有财产的方式处理，

---

[1] 参见哥伦比亚大学教授贝尔纳·萨拉尼耶（Bernard Salanié）:《经济无禁忌》（*L'Économie sans tabou*），巴黎，苹果树出版社（Le Pommier），2004年；《微观经济．市场失灵》（*Microéconomie. Les défaillances du marché*），巴黎，经济出版社（Economica），1998年。

[2] 争夺型资源（ressources rivales）指的是被使用之后就不能造福其他人的资源，比如能源，和我们呼吸的空气相反。非排他资源（ressources non exclusives）指的是不能不让任何人使用的资源，比如公共照明。

会导致它的毁灭，正如加勒特·哈丁[1]（Garrett Hardin）所强调。由此就产生了对它进行管理的问题。这是瑞典银行经济学奖获得者埃莉诺·奥斯特罗姆（Elinor Ostrom）的主要贡献之一，她研究了公共财产的管理方法[2]。市场不会自发地给外部性定价，如污染（特别是温室气体排放）。因此为了使市场更有效率，公共权威必须干预。至于自然垄断，这是一个重大经济问题中的特例，也就是规模经济递增（rendement croissant），在这一点上研究特别深入的人是经济学家米歇尔·沃尔[3]（Michel Volle），他专攻信息和数字化经济学，在这个领域里规模经济递增就是规则。在这些情况下，纯粹的完全竞争（la

---

[1] 参见加勒特·哈丁（Garrett Hardin）:《公地悲剧》（*The Tragedy of the Commons*），《科学》（*Science*），第162册，第3859期，1968年12月13日，第1243—1248页。哈丁使用的例子是牧场，如果没有公共管理，允许自由出入，牧场很快就会枯竭，每个养殖者都会尽可能密集地让他的牲畜过去吃草。

[2] 参见埃莉诺·奥斯特罗姆（Elinor Ostrom）:《严格管理公共财产.自然资源新方案》（*Gouvernance des biens communs. Pour une nouvelle approche des ressources naturelles*），新鲁汶（Louvain-la-Neuve），德伯克出版社（De Boeck），2010年。作者在书中表示由使用者形成共同体，对公共财产进行严格管理，就能实现资源的最优利用。

[3] 参见米歇尔·沃尔（Michel Volle）:《E经济》（*E-conomie*），巴黎，经济出版社（Economica），2000年；和《规模经济递增》，第2章，volle.com。

concurrence pure et parfaite）效率很低，微观经济学的一般定理不适用[1]。

最后，一些伟大定理奠基了会导向一个最优化（optimum）的完全竞争的优越性。这些定理不仅是基于一些英雄主义的假设（没有外部性，没有公共财产，规模经济递减），还假设市场是饱和的[2]。"饱和"市场构成一个乌托邦，里面的经济主体可以在一定条件下向未来的经济环境交换所有财产和服务。换句话说，风险对冲（couverture des risques）的机会将是无限的。但这显然从来都不符合事实，哪怕是在最擅长风险"对冲"的金融市场中[3]。

---

[1] "主流"微观经济学长期以来坚持规模经济递减假说，原因已经在此说明。

[2] 参见伯纳德·盖里安（Bernard Guerrien）：《何为完全竞争？》，bernardguerrien.com；雅克·H. 德雷兹（Jacques H. Drèze）：《论不确定性和不饱和市场宏观经济学》，法国经济形势观察机构（OFCE）杂志，第 72 期，2000 年 1 月。

[3] 所谓的对冲通常是一个经济主体将风险转移到另一个经济主体身上。参见皮埃尔-诺埃勒·吉罗（Pierre-Noël Giraud）：《无用之人．经济的正确用法》（L'Homme inutile. Du bon usage de l'économie），巴黎，奥迪勒·雅各布出版社（Odile Jacob），2015 年，第 184 页。

我们认为目前的经济危机以及气候变暖提出的问题恰恰需要加强某些经济部门的管理，管理的范畴在于使市场经济繁荣稳定发展。

市场不高效，货币和信贷不中立

与物理、化学或生物这样的自然科学相反，经济无法反复实验[①]。实际上，所有实验都只做一次，以真正大的规模，且必须在观察下进行，因此会有所变化。一个"社会体"从来不会是一个独立的个体，而独立个体才是实验的潜在对象。这意味着从实验规程上来讲，一个经济学理论不可能被证实，也不能得到有效性的证明。

经济学，始终处于伪科学状态

经济学理论有着一个很特别的地位。它的建立是基于抽象，建立形成的模式是"如果这个假设得到证实，那么我们能够得出这样的结果"。为了改善推理的严密性，它变得高度数学化（至少在新古典主义分支中是这样），以至于常常可以

---

① 存在一门学科：实验经济学，它通过实验测试一些行为假设（一般是以游戏的形式），但是这些非常微观经济学的"实验"对于我们的主题宏观经济毫不适用。在宏观经济里多种因素交互，而历史只会进行一次。

推演出很复杂的经济模型，描述得就像真实的一部分。但是那些可以从模型中推导出的结论还是依赖一开始提出的假设，进一步说就是依赖一个通常很简略的方式，呈现出"经济主体"的行为，假定他们是理性人，并且都信息充足。此外，科学或经济学理论意义上的"经济"假装解释和描述现实中观察到的经济现象中的"经济"。经济学使用的术语（资本、劳动、货币）在日常生活中都是有意义的。这就引出了一个大混淆：将经济学理论中形成的"法则"（lois）与真实生活中能够观察到的机制混为一谈，比如把预算赤字或公共负债相关的规则当作是法则，但是那只是很大程度上随机出现的常规规则，而其效率却成为经济学家的世界里不屈不挠辩论的对象。

至于宏观经济学，它依靠的是一个认知困难：我们中的每个人介绍各自的情况，并将之本能地投射于其他主体（其中包括政府）和整体的经济体系。推崇放任私人参与者的自由主义理论更容易获得拥护，出于这个原因，当然也是由于它符合最强势的参与者们的期待，这些人明显喜欢更多的自由和更少的限制，毕竟这对他们有利。

要注意的是，这个市场自我管理的理论能够扎根于行政界看起来可能很奇怪（前面我们提到了欧盟委员会，不过在法国国库的总体管理上很大程度也是这样）。要完整地说明这件事会太长，但是我们可以观察到有些高级公务员很愿意在金融部门里开展事业，而有这样一个理论能为自由无阻的经济发展辩护，他们也能觉得很坦然。

当某些经济学家试着将这个经济学理论推进到其他方向上（比如盖尔·吉罗和史蒂夫·基恩，之前我们提到过他们的作品），他们会撞上很多困难，比如登不上一流学术报刊，因为确切来讲他们不能被放进主流教条的"铸模"中。他们的革新方法首先会需要资金，得到的资助却很少。我们在别的地方也支持公民社会和政策把开放、多学科的经济研究代表的重大挑战据为己有。这对法国来说是一个重要的命题，法国仍然能自夸在世界经济学研究领域处于高峰。

市场的低效

为了阐明我们的观点，先要提到市场效率的中心概念。回顾 18 世纪初，荷兰人伯纳德·曼德维尔（Bernard Mandeville）所著的《蜜蜂的寓言》（*La Fable des abeilles*，1714 年出版）可以概括为这样一句话："私人的恶行成就了公共的善果。"每只蜜蜂的冲动贪欲为蜂巢带来了充足的蜂蜜产量。所以没必要管理社会，因为个人利益的动力能刺激繁荣。这种思想启发了古典经济学之父亚当·斯密[1]（Adam Smith），他发展出著名的形

---

[1] 当然他的思想远比著名的隐形的手要丰富。

象——支配市场经济的"隐形的手"。经济学教育,当前掌舵的经济和政治负责人的臆想,很大程度上依附于新古典主义经济学的简化视野,它所描述的是个理想的世界,社会以堪比蜂巢的社会秩序进行自我管理;这是自由主义政治灵感的核心。

最近的隐形的手的化身是资本市场有效性理论,提出者是尤金·法玛(Eugene Fama),他于20世纪80年代在著名的美国芝加哥大学任金融学教授。他把古典经济学中的"有效"概念("优化"配置资源——资本、投资——避免浪费)和信息的概念结合起来。如果市场为它的参与者们提供的价格揭示了所有相关信息,则市场有效。在一个有效市场上,资产绝不会被低估或高估。法玛建立了一个模型,在这个模型里资本市场是有效的,但是这个模型的假设从来没在现实中得到证实。比如,他假设市场是完全市场:所有参与者都能在同一时刻获得同样的信息,且所有人都有同样的竞争行为。在他的模型里,不存在税务摩擦,所有参与者都经历同一种现实。资本转让既没有界限也没有约束:所有参与者都处于同一个法定框架中,诸如此类。这位经济学家的理论证明得到了他引以为依据的新古典主义经济学和自由主义意识形态的拥护者们的称赞、复述和传播。于是法玛的理论模型被歪曲,通过断章取义,变成了一种信条:"解除管制的金融市场以最优的方式输出资本。"法玛的假设永远不可能在现实中生效,经济学家史蒂夫·基恩(Steve Keen)在他对新古典主义经济学的出色批评中详细地分析了这一点[1]，这部批评著作的法文版由盖尔·吉罗和数学家尼古拉·布罗（Nicolas Bouleau）作序[2]。

不过并不是非要读完这些技术分析才能确认上述市场的低效。从高处看，显然金融市场"不将资本拨给"对社会最有用的那些交易，并且也没有能力提供一个稳定的环境，让经济走上正轨。明证就是几次金融危机的影响规模和反复次数，也就是在20世纪80年代市场自由化、解除隔阂、取消控制之后。当股市泡沫1990年在日本爆裂，股市连续两年暴跌30%[3]。2010年底，日本股市刚好重新回到1980年的水平。1992年，金融家乔治·索罗斯（George Soros）针对英镑发起大规模的投机，迫使英国政府在几小时内退出欧洲货币体

---

[1] 史蒂夫·基恩：《经济诈骗》，塞纳河畔伊夫里，工作室出版社，2014年。

[2] 尼古拉·布罗：《市场烟幕弹》（*Les Marchés fumigènes*），nicolasbouleau.eu。

[3] 查尔斯·P. 金德尔伯格（Charles P. Kindleberger）、罗伯特·Z. 阿利伯（Robert Z. Aliber）：《狂热、恐慌、崩溃：金融危机的历史》（*Manias, Panics, Crashes: A History of Financial Crises*），贝辛斯托克（Basingstoke），帕尔格雷夫·麦克米兰出版社（Palgrave McMillan），2011年。

系[①]并使其货币贬值15%。1997年，泰铢和印尼卢比突然贬值，这两个国家的股市暴跌30%。当时美国最大的投机基金——长期资本管理公司（Long Term Capital Management），于1998年破产，迫使主管部门紧急组织救市，以避免——虽然已经发生了——一场系统性危机。美国的网络股泡沫在21世纪第一个10年伊始爆裂。2000年到2003年，美国股市损失40%，纳斯达克（NASDAQ，National Association of Securities Dealers Automated Quotations，美国全国证券交易商协会自动报价表，中等市值股票市场）损失80%。早在2008年全球重大危机之前，金融不稳定性已经很严重。尤金·法玛在2013年获得瑞典银行经济学奖。法玛本人曾一度承认，他的模型被事实彻底推翻，2008年之后又回心转意继续捍卫他原先的观点，就像什么都没有发生过。

货币和信贷不中立

在新古典主义经济学最虚假（指的是它们所代表的理论推演与现实明显相悖）的理论依据之中，必须要提到新古

[①] 过去，欧洲主要的几种货币可以围绕欧洲货币单位（ECU，European Currency Unit）共同基准自由以2.5%起伏。欧洲货币单位不是一种货币，而是一种共同（参考）计算单位。很多货币在它们的历史上都有"蛇形浮动"或者形成了体系。

典主义宏观经济学模型中处理钱（法文为"argent"，英文是"money"，经济学领域里法文常常直译为"monnaie"）和信贷的方式。或者说根本没有处理：很简单，因为它们并不存在于那些模型之中。

关于金钱，新古典主义经济学模型的设定是"金钱量不变"：在模型里金钱以固定的总量流通，或者阶段性变化，因为它只能由中央银行创造出来，而中央银行会在理性瞬间（à un instant de raison）①决定增加货币量或者针对某个外汇进行贬值。在特别事件区隔开的两个阶段之间，钱没有收益（这里不做文字游戏），因为它不产生任何经济效应。这里只有一个财务单位，一个交换条款测算单位。在这些模型里，中央银行所追求的目标和效果还包括回归平衡：如果价格升高（通货膨胀），中央银行可以减少流通货币总量，这样就能使价格下降（因为财产的总量不变）。相反，中央银行如果注入货币，必要的时候就能重新激起通货膨胀……这样难以置信的简化说明是基于欧文·费雪（Irving Fisher）的货币量化理论，这个理论由"货币主义"（monétarisme）的提出者、芝加哥大学精神导师、著名经济学家米尔顿·弗里德曼（Milton

---

① 理性瞬间不一定是现实中存在的某一刻，而是我们在一段推理或科学证明中提出、用来标记某个阶段或将结果从完整的一系列事实中独立开来。

Friedman）向大众普及。根据这样的理论，货币对于经济活动是中立的，且只会对价格的相对水平产生影响。这在现实中当然是错的，正如史蒂夫·基恩和他之前的很多人所展示的那样。金融危机可以导致货币销毁，这对经济活动会产生一个隐性效应，反之，经济反弹可以由信贷激发，信贷是货币创造的抵偿物。

至于负债，它在新古典主义模型里也通常是缺位的。它缺位的理由是，从财务的角度看，一个"经济主体"的债务是另一个经济主体的债权，债务和债权在系统里总体上是抵销的。它们的总体影响是中和的。不过很简单的常识提醒我们，债权人并不是每天都能得到还款，而这会对他们造成非常沉重的后果。超负债的情况（家庭、政府或企业）并不少见，而且是值得担忧的风险的源头。更深一层讲，从宏观经济的角度来看，它们可能是通货紧缩扩散开来的起因，而这是最严重的经济病症之一。当我们假装描述现实的时候，忽略这个现象至少是肤浅的。

自由化的信贷，泡沫和危机的起源

经济学家史蒂夫·基恩在他的作品里以及多次最近的会

议①上都抨击了新古典主义经济学模型的基础假设，他表示它们完全脱离现实。凭借很长一段时间里在美国和欧洲很多国家里收集到的经验数据，他还证明了经济危机直接与私人部门信贷活动的循环相关。银行批准贷款，一再资助资产，资产价格上涨，如此便制造了一个或者许多个投机泡沫，当某一类参与者不再有办法处理他的到期票据，这些泡沫最终会爆裂，并引发银行破产。家庭和企业的债务负担使经济活动放缓，引起一场通货紧缩，一如欧文·费雪（Irving Fisher）在1929年金融危机后便已发现的债务—通缩恶性循环。信贷循环逆转，经济活动不能重新开展，除非"坏账"，也就是那些不能偿还的债务，能通过债权放弃或资本重组/债务延期的方式从资产负债表中清除。基恩宣称2008年的危机就是这个循环的经典例证。经济史因而塞满了这样的篇章，超负债继而清空无法偿还的债务，这些形式可能一眼望去很难辨认，比如会让人联想到路易十四在柯尔贝尔（Colbert）的建议下突然决定囚禁严重负债的富凯（Fouquet）……先不去预判这种做法的动机，客观上讲，这一手清除了所有与富凯有关的债权，使他成了这些财产的所有者②。

---

① 参见他的博客 www.debunkingeconomics.com/。

② 参见保罗·莫朗（Paul Morand）：《富凯或被惹恼的太阳》（*Fouquet ou Le Soleil offusqué*），巴黎，书页出版社（Folio），1985年。

阿代尔·特纳在《债与魔之间：钱、信贷和全球金融调整》一书中同样揭示了由私人债务滋养的投机泡沫的循环以及它们在经济中的不稳定影响①。他主张对商业银行施加更为严格的管制，以使投机泡沫能被探测出来，在引发通货紧缩危机之前，公共力量的行动就能够限制它们的影响规模。他还主张隔离②储蓄银行和商业银行（以保护实体经济的信贷和存款不受金融市场投机感染），建议为了让银行变得更加稳定，强制银行比现在更好地完成资本化，尤其是中央银行要通过可调节的存款准备金体系规范商业银行的信贷活动。这样的体系1973年前已经在法国实行（所谓的"国库流通"体系，第4章末尾有详解）。

虽然史蒂夫·基恩、阿代尔·特纳、盖尔·吉罗以及其他"新浪潮"经济学家呼声响亮，新古典主义教条仍然继续支配着目前的经济决策，正如欧洲中央银行的货币政策明确显示的那样，它要注入货币，重振通胀，完全符合货币主义理论。而"新经济学家们"清楚地看到，只要商业银行的信贷活动

---

① 阿代尔·特纳（Adair Turner）：《债与魔之间：钱、信贷和全球金融调整》(*Between Debt and the Devil: Money, Credit, and Fixing Global*)，普林斯顿，普林斯顿大学出版社，2015年，第49页内容"危险的债务"（Dangerous Debt）。

② 在美国由罗斯福实行，这个问题我们后面还会展开。

没有被管制，它们就会从中央银行"截取"货币，不是将这些资金引向实体经济的信贷，而是让它们流向即时的投机泡沫：再提供资金给房地产、艺术市场、被石油降价削弱的新出外汇等。这些经济学家的言论，尽管方向十分正确，但始终只是少数派，因为不符合主流理论，对于从波动甚至是失控的大潮中获利的人来说是一种麻烦，那些人只想从这场动荡的豪赌中巧妙地全身而退。

一般均衡理论模型无法解释的危机

在这段时间里，政府、评价机构和经济预测机构使用的大部分宏观经济模型都是传统模型，所谓的"一般均衡模型"：没有银行，没有钱，没有负债和有效市场。在这些模型里经济危机、通货紧缩、超级通货膨胀和大规模失业都是从建模时就缺位的，就好像那个极其著名的萨伊定律（loi de Say）是真的一样（萨伊定律"确立"一个产品的供应能够创造出它自己的出口，因此生产过剩危机不存在，只可能是暂时或有限的），然而很容易证明它不成立。这些模型的设定是为了说明一场危机只是临时而短期的，设定的参数是为了自动调整到能够修正不平衡的方向上。因此它们很善于预测出明天是更美好的一天。至于预测的准确性，这个可以通过由果溯因地逆推来验证，我们会再过一遍：我们可以援引很多案例，从希腊的预算赤字到高度严肃的国际货币基金组织（IMF）

所做的近十年世界经济增长预测。

为何信用和负债从宏观经济一般均衡模型中消失了

"萨伊定律（1767—1832年）和瓦尔拉斯定律（loi de Walras）（1834—1910年）设想了一个世界，在这个世界里购买商品用的钱，完全是售出其他商品所得收入……在我们生活的世界里，物品被购买不仅由于其他物品销售获得了收入，还由于有信贷……因此需求的总和等于供应的总和加债务变化量，由此需求的总和提高，不管是从商品那头还是从资产（股票和房地产）那头。这就保证了全球财务平衡，这是萨伊定律和瓦尔拉斯定律中不可缺少的组成部分，但它也包含了资本主义经济中信贷和资产销售所扮演的角色——这两个定律都忘记了这样的角色。这两个定律只在纯粹交换或只生产一种物品的世界里才适用……它们并不适用于我们生活在其间的这个持续增长的资本主义世界。

忽略信贷是新古典主义理论的根基，在这样的理论中总体不均衡和经济萧条是不可能的，以至于任何危机都不过是跨部门的不均衡，可以很轻松地通过调整价格来修正。一旦错误被删除，萧条和总体不均衡（和经济爆炸式增长）都成为可能，且信贷矛盾会在这些现象中扮演关键的角色。信贷不是基于已经存在的财产，它是扩张型经济的基本特征，就像熊彼特（Schumpeter）解释的那样，比马克思（Marx）和明斯基（Minsky）说得更清楚……萨伊定律的原则，坚持所有概念净需求的总和为零，是一个无生产——并且更重要的是，无资本家——的资本主义经济模型。"

摘自史蒂夫·基恩，《经济诈骗》，塞纳河畔伊夫里，工作室出版社，2014年，第256页。

被投机泡沫带来的高回报所吸引的资本

房地产和虚拟金融

房地产和虚拟金融是当今的投机泡沫，它们能提供很高的回报，运作起来就像水泵一样抽取私人资本。我们在前一章里提到世界上大多数的大城市都存在房地产泡沫，从巴黎到东京再到吉隆坡和曼谷。阿代尔·特纳将之归罪于政府对银行信贷活动管制的缺位，以及土地和城市规划上政府的短板。别忘了正是1990年一个房地产泡沫的爆裂将日本击溃，在美国又引发了2008年的危机。

房地产，将贷款偿还和房租都计算在内，如今吸收了三分之二的法国家庭可支配储蓄（可支配收入的15%用于储蓄和房地产，其中9%用于房地产）。每个人都知道住在巴黎、伦敦或者日内瓦市内对于收入微薄的家庭来说价格高昂，这意味着要住在市郊，常常很远，需要很长的交通时间，来往都要排放二氧化碳，因为公共交通明显不足以将所有市郊居民送到市中心。这些首都因此被清空了年轻活跃人口，变身为面向游客和富有外国居民的奢侈品橱窗和博物馆——在一个不算良性的循环中，生活成本增加了。

巴黎的房地产价格在2000年到2011年之间暴涨：对比家庭收入，它翻了2.5倍，2012年达到每平方米平均价格8460欧元。从那以后，每年价格轻微下降。但是2015年掉到低于8000欧元标准线之后，价格又回弹，特别是借助于极低的贷款利息水平，低利息让需求更容易偿付[1]。要注意房地产价格上涨并不仅限于城市，整个法国住房价格从1975年起就持续上涨[2]。

房地产投资享有很高的收益，得到税务优待的支持，尤其在法国，批准这样的税务政策是为了鼓励建设和就业活动。时间更近一点，欧洲和美国的中央银行带动的量化宽松政策引发房地产收益升高。实际上，投资者们疏远了收益率下降的国债，将他们的需求转移到房地产投资产品上。为了更好地理解中央银行宽松政策——这政策追求的效应是将通胀保持在一个非常低的水平——和房地产投资收益飞涨之间的联

---

[1] 参见马蒂亚·泰伯（Mathias Thépot）：《巴黎：房地产价格重新升至每平方米8000欧元以上》，latribune.fr，2015年11月26日。

[2] 参见例如环境和可持续发展省议会（Conseil général de l'environnement et du développement durable）：《房地产价格——长期改革》，cgedd.developpement-durable.fr，2016年6月20日。

系，必须搞清楚杠杆效应的机制。低利率和容易申请的贷款确实让资本投资者增强了投资回报，正如下面我们的说明。这种杠杆效应之上又增加了鼓励负债的税务体系激励，债务利息可从利润或课税所得中扣除。

杠杆效应，低利率如何为资本投资者致富

什么是杠杆效应？想象一下，您希望获得一块价值100欧元的房地产。您个人身上只有10欧元（您的"本金"），但是银行将会借给您缺的那90欧元，以很低的利率（比如1%）。负债多少年都没关系，因为我们要讨论的不是现金流，而是收益，正如一个金融投资者要做的那样。在损失和收益的财务计算中，债务本金的偿还不算作债务开支，唯一计算的开支是利息开支。您现在是所有者了。想象一下，您把您的房地产租出去，每年免税5欧元，而且它的转卖价值每年增长3欧元（未来增值免税）。因此您每年赚8欧元，5欧元是现款，3欧元是未来的隐藏或潜在增值。每年扣除0.90欧元作为您的贷款成本，那么您每年净收益是7.10欧元。您的投资年收益率百分比是多少？7.1除以您投入的10，那么收益率百分比是每年71%。这块房地产本身只能为投入的100欧元带来10欧元的收益，也就是10%。杠杆效应把本金收益翻了7倍！要注意这个杠杆效应在所有投资者贷款买资产的情况下都适用，不光是房地产。

这份资产收获的8欧元确实分配不公。银行家抽取了0.9

的利息，"所有剩下的"也就是7.1都回到了资本投资者的口袋。这种债权人与投资者之间利益分配不公的情况就是来源于低利率。如果在我们的例子里利率是每年5%，银行家每年能抽取4.5欧元，而投资者进账就不是7.1而是3.5。但是不光这样，股东高收益也来自我们所谓的杠杆，也就是债务利率：银行借出的资金是资产总额的90%，而由于投资者投入的本金非常有限，他的收益率百分比才会这么高。

这里要提一点，如果期待的收益不能如约而至，或者如果利率提升，这个机制就会卡住：投资者遭受损失而不是创造利润。而且不能忽略投资者应该有能力偿还债务本金。当某位个人申请一笔房地产贷款，银行一般会向他建议定期偿还债务本金的方案（或者持续地到期还本金和利息）。对于一个金融投资者来说，就完全不一样了：在有杠杆效应的交易中，债务通常由资产销售偿还，比如房子。

不仅低利率使得杠杆效应可行，最不宽松的那些商业银行的信贷操作也起到了作用。这里就涉及我们在前一章提过的银行和金融管控。在20世纪80年代，银行业主管部门实行了所谓的巴塞尔协定，特别是施加了库克比率（ratio Cooke），要求商业银行将核心资本与信贷比率维持在8%。这个要求只适用于信贷持有活动，对银行收取的佣金并不适用。那么商业银行面对这套新规章有什么举动呢？它们继续批准可以给它们带来佣金的贷款（比如一笔批给家庭的房地产贷款，立即可以支付的文件手续费占贷款总额 1% 到 3% 不等），但却停止持有债权。银行把债权卖给属于不受巴塞尔规章约束的投资基金，这些投资基金就是所谓的"资产证券化载体"（securitisation vehicle），这样银行在交出它们资产负债表上的信贷数据的时候更容易遵守库克比率。

资产证券化

资产证券化是银行执行的操作。银行批准贷款（给家庭、企业等），这些贷款会出现在它们的资产负债表上：它们拥有这些债权，并且收取利息。资产证券化的操作对于银行来说是"打包"把债权卖给专门为此而创建的第三方公司，我们称之为"资产证券化载体"，或者在金融界黑话里叫"SPV"（特殊目的载体，Special Purpose Vehicle）。这个公司不是一家银行，这就是资产证券化的意义。它将通过在金融市场上发行债权证券（titres obligataires）实现自融资。"信贷证券化"（titriser les crédits）的说法就是这样来的。这手操作将打包的信贷（不是证券，而是属于一家银行的合同）变成可交易的债权证券（不是由银行而是由金融市场持有）。

这些操作对于银行客户来说是透明的，客户继续向银行偿还贷款并支付利息，银行继而把这些钱转给载体。如果遇到银行客户不支付的情况，银行和载体之间就会进行特殊处理，这在载体创建之初就定好了：损失或归银行（一般情况），或归载体（所谓的"完全证券化"）。

信贷证券化对于银行的好处是解放它资产负债表中会影响清偿能力比率的信贷部分：银行在批准贷款之初就收到了佣金，接着它不再收取利息，但也不用承担审慎管理清偿能

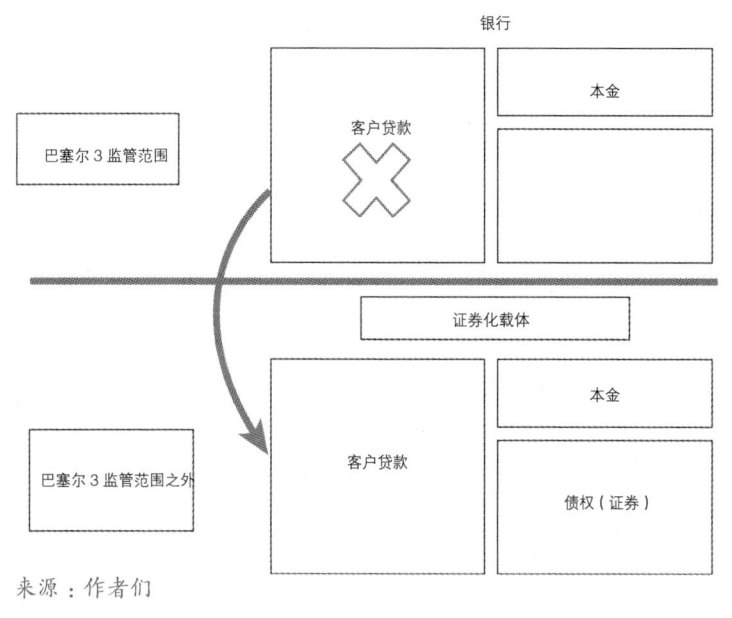

来源：作者们

图 5-1 信贷证券化示意图

力比率所施加的本金开支。

从资产证券化载体购买证券的投资者们属于货币市场，也就是短期投资（低于一年）。这牵涉所有追求能让存款获得短期回报的参与者们（企业、投资基金、证券投资基金）。一般来说，资产证券化的 SPV 证券的期限是 3 个月。银行客户

上交的利息被"分割",以转给证券持有者;由于贷款是长期贷款,它们比短期市场收益更好。因此这些载体给货币市场带来比交替产品(银行定期存款)更高的回报。

但是这里存在一个症结。证券化载体带来了金融行话里所说的转换风险(risque de transformation)。它们用3个月(一般来说)的证券资助长期贷款(消费、房地产等):每过3个月,载体要给"老"投资者回款,并且要在市场上找到新一批投资者。货币市场投资者不想在他们的证券投资中冒任何风险。为了购买这一类载体的证券,他们要求银行担保这些载体的"流动资金",也就是说如果这些载体缺钱,银行要负责给它们提供资金。

这就是2008年夏天发生的事情。一些证券化基金开始出现损失(著名的房地产贷款,面向美国贫困家庭的"次级贷"),对此感到担心的投资者们没有给那些流动资金短缺的载体"重新加载"资金,而是去追讨银行担保。银行没钱,只好求救于中央银行,以避免一场不可抗拒的系统性破产。

银行可以将它们批准的贷款债权证券化,这一点解释了我们在金融市场上观察到的负债杠杆的高水平。实际上,自从20世纪80年代以来,银行资产负债表里就没有批准贷款的风险了,因此它们毫不犹豫地借出很多钱(这能立即带来佣金,借出的金额越大,佣金越多),哪怕贷款风险很高。银行的这种新的商业模式在英文里叫"originate to distribute"：放贷并出售，将它们在金融市场上"分销"。信贷风险最终由证券化载体的投资者们承担。这些投资者是货币市场的投资者，也就是说他们投的是短期证券。证券化载体的发展也是低利率造成的后果：这些载体获得的回报比市场极低的利率高一点点，因此有吸引力。2008年美国房地产市场危机发生时，没有人知道美国家庭贷款从何处起就变得无法清偿了：银行把这些债权转卖给分散在全世界各处的证券化载体……这就是为什么危机蔓延得这么快。即使银行活动受到中央银行的监管和规范，那些证券化载体却没有被任何人管制：它们属于"影子银行"（shadow banking）。2008年的大震荡之后，情况始终没有得到改善。

杠杆效应那么强力是低利率带来的后果；它让投资者们快速致富，却很可观地提高了信贷风险，银行没有严格的信贷政策（这里又加入了巴塞尔管制的反效果，并不能推进风险控制），信贷活动也没有任何规范（这可能迫使银行在一次信贷交易中奉行最高杠杆比率，还可能改变杠杆循环[①]）。阿代尔·特纳写道："低利率给金融不稳定性'涡轮充电'。"

[①] 参见20个资本主义改革建议，阿代尔·特纳（Adair Turner）：《债与魔之间：钱、信贷和全球金融调整》（*Between Debt and the Devil: Money, Credit, and Fixing Global*），普林斯顿，普林斯顿大学出版社，2015年。

过度负债引发高风险，宣告一场新的股灾

投资者们寻求杠杆效应，不光是在房地产领域，也在所有其他银行同意下注放款的领域。在非上市企业的领域（英文是"private equity"，私募股权），借助杠杆效应收购一家企业（明白点说，收购企业的钱大部分是从银行借来的）叫作"LBO"（Leveraged Buy-Out，杠杆收购）。这种操作也是得益于税收制度（债务利息可扣除），2000年到2008年激增，如今又重新发展起来[比如亿万富翁帕特里克·德拉伊（Patrick Drahi）的Altice股权公司在2014年以LBO的方式从维旺迪集团（groupe Vivendi）手中收购了SFR公司]。转手卖出收购的企业，或通过抵押扣除企业资产的方式，即可偿还银行贷款。在杠杆过高的情况下，LBO交易会过度加重企业负担，降低企业投资能力，乃至它如期向供应商付款的能力。LBO会导致个人的专制管理，绞尽脑汁只为"套现"。但并不是所有LBO都会产生这样的缺陷。股份制职业化（紧密跟踪企业表现的私募股权团队）和条件良好的企业的转让需求也都造就了业界的成功，比如著名的皮卡尔[①]（Picard）冷冻食品公司

[①] 皮卡尔冷冻食品公司本来是家族企业，1994年被家乐福集团收购，经历了英国投资基金的连续3次LBO：第一次在2001年（Candover），第二次在2004年（BC Partners），第三次在2010年（Lion Capital）。

的案例。越来越多的非上市企业投资者明白应该追求增长而不是短期收益,有必要担负起对社会和环境的责任,这都有助于限制杠杆效应。

杠杆效应还会使上市公司股票、衍生产品即条件性的金融产品(比如交易所指数选择权)价格持续走高。借助于杠杆效应,投资者们可以在负债占百分之几十甚至几百之后,很容易地展望每年8%到10%的资本收益率,使资本翻番,获得最终的收益。因此他们的资本会流向这些部门,同时冷落实体经济,特别是能源过渡投资。资本越是大量涌入,价格越是上涨,这些泡沫破裂的风险就越高。我们看到了这样引导下的银行和货币政策管控助长了金融圈的不稳定性,而那些金融产品,本该使风险降低,却只是使它变得越发不透明——这就增加了不确定性,从而提高了风险。

这样的分析如今已经成为很多著名经济学家的共识,他们都在最传统的机构里待过或者是现役成员,已经提过的阿代尔·特纳,还有英格兰银行前行长默文·金(Mervyn King)在他所著的《炼金术的终结:钱、银行和全球经济的未来》[①](The End of Alchemy)一书中,国际货币基金组织(IMF)前

---

① 默文·金(Mervyn King):《炼金术的终结:钱、银行和全球经济的未来》,纽约,W.W.诺顿&公司出版社(W. W. Norton & Company),2016年。

首席经济学家、现任印度中央银行行长的拉格拉姆·拉扬（Raghuram Rajan）在他的作品《危机：金融市场之上》[1]（*Crise: au-delà des marchés financiers*）中，等等。金融投机的体量达到了历史上前所未见的创纪录水平，这都是由于不受管制的货币创造所纵容的极大杠杆效应和中央银行的货币政策维持住的低利率。例如，有关石油行情的金融衍生产品的日常交易量是石油实际库存的三十倍以上。国债、交易所指数也一样，诸如此类。有些银行很清楚在"系统性危机"发生时，它们的规模就是一层保护。如果您资产负债表的总额等于法国国内生产总值，您就足以被引诱着认为公共力量不会任由您破产。1929年的危机经历中，银行破产加重了经济危机并造成了企业破产，经济学课堂上仍然是这么教。更近期的，雷曼兄弟破产在全球造成的影响大到可能不会有当局敢再来一场新的冒险。银行隔离和银行规模限制在金融管制中成为一个战略性的挑战，这是主要的原因之一。我们还会回到这个话题。

投机泡沫的广度和水平，使得再来一次泡沫破裂从而引发类似2008年的危机成为可能，甚至更糟糕，因为国家没有

---

[1] 拉格拉姆·拉扬（Raghuram Rajan）：《危机：金融市场之上》（*Crise: au-delà des marchés financiers*），巴黎，苹果树出版社（Le Pommier），2016年。

干预手段。金融市场从那以后活在对股灾的恐惧之中，每个人都希望在崩塌之前抽走他的增值。

有必要整顿虚拟金融利润

金融圈和房地产圈里的投机泡沫对实体经济的发展是有害的。企业和基础设施建设投资缺乏是这种现象造成的直接后果，能源过渡投资起步太慢也是这个原因。实际上，公共投资者常常被认为负债太高无力投资；而私人投资者为他们预期的实体经济投资收益设立的标准来自他们可以在股市或房地产上可以获得的高回报。如今在欧洲和美国的一个资本投资者要求的最低收益门槛在每年15%的水平上（当然根据不同领域和不同交易类型会有微妙差别）。然而，欧洲的实体经济濒临通货紧缩，每年经济增长在0%到3%不等，显然不是所有企业和项目都能产生这样的回报，相差甚远。因而在实体经济中，资本会流向并购（fusion-acquisition）交易，这会通过规模经济产生收益（值得一提的最近的例子是在医疗领域），以及流向新兴科技（其中包括可再生能源，我们回头再来讲这个话题）。但是基础设施建设投资，每年收益率不超过2%到3%，尤其在经济危机背景下，不可能把用户承担的费用提得太高，始终少得可怜。

这里有一个很深的矛盾，体现在投资的回收率上，一如其风险的测算和偿还（文末的"一笔投资的贴现率和收益率")。所以我们现在的情况是资金大量涌入，使价格、某一类投资的风险、投机泡沫增加，同时不那么有风险的投资又没人要。修正这种情况的手段应该是，对风险更高的交易，放款人采用更高的利率，这就能减少它们的收益。但利率被人为地维持在低点；利率价格曲线扭曲了，价格水平和收益水平被人为操纵，无法用常理解释。

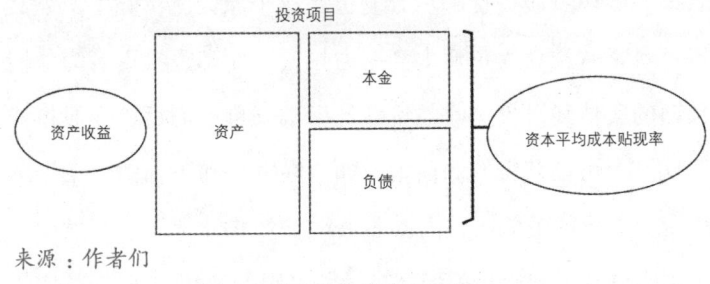

来源：作者们

图 5-2 资产收益成本示意图

一笔投资的贴现率和收益率

我们在第 3 章提到贴现率就是把未来现金流换算为现值的工具。我们在这里要说明投资者们根据投资费用计算贴现率的方式，以及贴现率和一笔投资交易的风险之间的关系。

资本投资者的收益取决于项目的收入（未来贴现）和负债成本之间的差值；因此放款人和股东之间存在交易。如果放款人根据他们觉察到的项目贷款风险提出了过高的价格，股东可以认为他们的资本回报——以分红和潜在增值的形式——不足。归根结底，项目的资本总成本平均加权在股东收益率和负债成本之间。从经济学上讲，这个成本应该低于项目资产的收益。假如不可能优化风险分配结构，让这一条件得到实现，项目就不会得到私人参与者的资助。

在一个私人项目中，股东一般会要求他们投入的资本的收益率最少在15%。贷款利率为每年5%。当然精确数值取决于每个项目可预见的风险和预期收益。

一笔融资，20%是股票（预期收益是15%），80%是负债（利率5%），平均成本是（资本平均加权成本）7%[①]：以这些条件得到资助的项目每年至少要提供7%的收益率。这样的收益率可能会使很多绿色项目作废，它们的社会经济收益不能在金融计算中得到估值，为了能让用户和/或纳税人接受，年收入必然相对来讲偏弱。

选用积极政策引导存款投入生态能源过渡

测算目前经济学基本指数的畸变，在关于资助能源过渡的辩论中至关重要。实际上，经济放任自由的拥护者们反对任何积极资助能源过渡的政策，他们会辩称市场为王，如果能源过渡投资真的对社会来说是一个好机会，那么资本会自动涌过去。他们中的一部分人了解市场不会自发吸收某些外

---

① 也就是3%（20%×15%）是本金的，4%（80%×5%）是负债的。

部性（比如气候偏移），于是建议做出"碳价信号"（参见下一章）一类的修正措施。我们会看到这确实不可或缺。但是这些经济学家止步于此，认为如果有了碳价，价格水平合适，那么在实体经济中，金融圈将会"完成使命"。市场被认为是有效的，会自发地以最优的方式给全体利益相关者划拨资本。然而事实不是这样，我们刚刚读到的关于目前资本分配和收益—风险配对的内容就展示了我们眼下在美国和欧洲金融市场观察到的实际情况。资本反而流向最有风险、最有威胁的短期投资，就像我们在前面提到的，这将会彻底使养老基金和保险公司失去稳定性，它们没有足够的长期回报的投资来保证票据到期的支付。

只要投机泡沫没有受到清洗，期待私人资助自发流向能源过渡投资所需要的级别就是一种幻想。因此唯一有能力如此作为的政府必须推进一个政策，将公共投资导向能源过渡。但是货币创造和信贷也应该得到管制，这样才能为目前西方金融市场上稀缺的长期投资重新创造那些必需的稳定条件。

使银行业和金融业合理化

政府应该带头做出两种行动：生态能源过渡投资项目和银行及金融系统管控。首先是因为太多金融资金倾向于流向短期高收益产品，正如我们刚刚看到的那样；其次是要避免让能源过渡投资再成为一个泡沫，那样的话泡沫一破裂，预期的气候和生态收益也都随之消失。例如用于交换污染许可证的欧洲交易所"BlueNext"，2007年开启，但被迫于2012年关闭，因为它宽松的规定吸引很多纯投机资本，它们利用这一点偷偷从欧洲各国手上挣到了好几十亿欧元的增值税，即使进行了诉讼也没能回收这些钱。更近一点，我们还能想到美国太阳能巨头上市公司"Sun Edison"的破产（参见文末的"当能源过渡也依赖那些不健全的金融技巧"）。如果说"Sun Edison"资助的真实项目确实像看起来那么稳健，这家公司就是输在了由复杂的金融结构掩盖住的超负债上。我们希望，一场破产不至于减缓美国在太阳能投资上的推进步伐。

当能源过渡也依赖于那些不健全的金融技巧

"Sun Edison"创建于2009年，创始人是阿玛德·查提拉（Ahmad Chatila），他收购了一家用于太阳能晶片和面板的硅零件制造厂。他在几年内成为重要的太阳能开发商。从根本上来说，太阳能如今是一种低风险活动：技术都被掌握了，合同期限达20年，价格确定（由于有助力太阳能事业的公共规划），成本降低，利润也是（竞争原因），赢利性很弱。全世界安装的光电容量从2003年将近0吉瓦增至2014年底的

186吉瓦[1]。

"Sun Edison"的老板是"yieldcos"——或者说"收益型公司"——这种创新型金融结构的先锋。这种结构的创建是为了给股东谋得高额的分红。运作方式如下：母公司发起一个项目，然后将之引入交易所，同时一旦产生分红就转给子公司，由此解放了资产负债表，可以再发起新的项目。"Sun Edison"的第一个收益型公司"Terra Form"于2014年上市，承诺2.7%的分红收益，并且可分配现金每年增长15%。另一个收益型公司"Terra Form Global"在2015年创办，用于承载"Sun Edison"在美国境外的活动。通过使用复杂的资产负债表之外的无数结构，"Sun Edison"吸引了一些大型投资基金，如"Pimco""BlackRock"和"Fidelity"，它们蜂拥而至扑向这些收益型公司，其实根本就没有真的搞明白它们到底是什么。在2011年到2014年之间，这家公司资本升值了70亿美元，30亿美元的债券，110亿美元的银行贷款，全都得到股票分析师乐观预测的支持。这场运动在2015年逆转，因为"Sun Edison"收购了一家做房地产市场运营的公司"Vivint Solar"，被分析师们判定为风险操作。

2015年11月，"Sun Edison"从"Terra Form"那里紧急

---

[1] 参见尼古拉·于洛自然与人基金会：《光电太阳能：2050年全球25%低碳发电！》，fondation-nicolas-hulot.org，2015年11月。

抽钱，状况很荒诞（为保证都投同意票，当天早晨提名新董事会），用于支付自己的债务利息，这笔交易现在已经被司法机构盯上。2016年4月母公司"Sun Edison"向美国当局宣布倒闭。曾经大量投资给这些"收益型公司"的投资基金和银行初步分析并没有被这场破产累及，因为"收益型公司"和"Sun Edison"是区隔开来的。但是司法机构还是有可能认为这些收益型公司其实是处于"Sun Edison"的控制之下，并同样宣布它们破产，这将对投资者们造成可观的损失。最神奇的是这个集团一直撑到了这一步：德意志银行2016年1月放出一笔7.25亿美元的新贷款。"Sun Edison"2016年4月21日宣布倒闭时，它的负债高达160亿美元，相比于200亿美元的资产估值，股票行情从2015年1月的32美元在破产当天跌到0.30美元。

第 6 章
为资助过渡而调控

让我们的世界去碳化是可能、必要且紧迫的。每一天过去,都会给气温上升曲线、毁灭性干旱、肆虐的火灾、冰川盖融化贡献一份力量。更别提城市污染的告急,不是由于二氧化碳,而是由于化石燃料燃烧(煤炭和石油)。技术解决方案是存在的。必须从根本上改变经济界的游戏规则。尽管越来越多的人意识到气候变化的明显迹象,化石能源总能得到大量资助[1],且污染成本微乎其微。碳始终是一个很棒的投资。为了让这种状况有所改变,国家首先必须找回它们失落的战略家和规划师角色。其次必须在金融方面实行国际协作,以对抗变暖。这些

---

[1] 经济合作与发展组织(OECD)估计这些帮助(津贴以及税收特免或其他部署)在全球范围内每年达 5000 亿美元(OECD:《经济合作与发展组织和国际能源署推荐改革化石能源津贴以改善经济和环境状况》,oecd.org,2011 年 10 月 4 日)。

规范管制可以在全球范围内实现"碳价长廊"（Carbon Pricing Corridors）。金融和货币规章应该适应现状，以伴随能源过渡全程，而不再对它形成阻碍。

国家的角色和国际合作的必要性

国家角色的问题，是能源过渡的绝对关键点，这个问题不是到处都以同一种方式提出。在西方，在经济发达国家和它们漫长的民主史、制度史和经济史中，哪怕是在那些最自由的国度，国家都扮演了中心角色。更别忘了在世界经济强国中国，国家的角色也一样很重要。而在那些新兴国家，国家的概念完全不一样，民主的合法性没有得到证实，国家和家族统治可能混杂在一起，而界限又并不模糊。国家角色中哲学和政治的维度不属于本书讨论范畴，我们主要探讨的是国家在经济范式的适应、缓和和改变上所扮演的角色。

适应气候变化

关于气候变化的适应，国家处在第一线，至少在经济发达地区是这样。保险公司遇到自然灾难（Ceres[①]有项对美国330家最大的保险公司做出的研究显示，它们有时会减少保险金，甚至停止为受到洪涝威胁的海岸地区房地产提供保险）只能指望国家，由国家对灾难进行即时处理（比如加拿大麦克默里堡的火灾），国家担负起责任保护最贫困的群体，救助那些没有财力应对房屋、土地及工作损失的人。

在气候变化测量及研究领域，国家重大措施必不可少。气候变化的科学观察及其演进建模应当由国家而不是私人部门给出保障，这其实非常基本。国家应该能够完全独立地定义和收集优质数据，以出台并跟踪一套能源过渡战略。至于公民社会则应该可以免费查阅这些数据，这样可以开展公共辩论，遵守既定决策的民主特质。目前，跨政府气候变化委员会（IPCC）享有全世界科学家的志愿贡献。它的独立和中立之所以成为可能，唯一的原因就是各国将它们雇佣的科学家的时间和运营费用提供给项目支配。而如果由预算远比政府宽裕的私人保险公司自行收集气象数据，建立风险地图，

[①] Ceres：《保险公司气候风险披露调研报告&记分卡》，2014年10月。研究显示，330家接受调研的美国保险公司暴露于日益增长的风险之下。飓风桑迪耗费了超过680亿美元，其中290亿美元受保。估计有超过650万个美国住宅受到暴风雨威胁，截至2014年6月30日重建花费1.5万亿美元。面对这种风险，保险公司的反应是限制保额，甚至撤离市场，就像长岛、弗吉尼亚、特拉华、佛罗里达等沿海州。

它们全权掌握这些数据，国家需要付费使用，这种情况将很危险。应该交给国家来做出关于领土管理的正确决策，同时让公民参与进来。

缓和是逆时针的跑法。这份意识也渗入以自由化为主流的西方世界，尽管主流意识形态预设市场可以解决所有问题，且能自发选择修正问题的方向。国家干预的合理性得到了证实，一方面是因为紧迫，另一方面是因为市场近三十年里在气候问题的掌控上显示出的无能为力。

改变经济范式：有战略、有计划的国家

能源过渡是一个经济项目，其规模比马歇尔计划（plan Marshall）更大（马歇尔计划让第二次世界大战结束时欧洲经济得以重建）。这涉及从深层次改变所有领域的经济游戏规则：农业、工业、金融、货币。这也涉及投入努力，而其结果在大多数情况下要经过好几年才能具体化。只有国家有能力创造必要的长期规划蓝图。它的角色是设计能源过渡路线，把一切都建立在科学共识和民主辩论的基础上，推动它的实行并控制它的全程跟踪。这绝不是一个细节计划，而是一个参考大框架，能影响到经济参与者们，让他们做出投资决定。因为能源过渡的实行不能没有标准、规则、禁令、税务和社会政策激励以及跟踪支援。说到标准和规则也就意味着国家要备有预算资金，能通过法律让大家遵守这些标准和规则，不然法规管制将会形同虚设。

那些将要摈弃或者深度转型的活动应该由国家全程跟踪支援。在这样的经济困难时期，对于公民，尤其是那些条件最差的群体，不应该让能源过渡变成一种威胁或恶化他们生活条件的附加风险。专业化的过渡应该做好预先安排，并且也要全程跟踪支援。正如我们在第 4 章里看到的，瑞典成功地实行了绿色经济，并得到了家庭和企业的支持，因为国家制订好了一份整体计划。

在战略家和规划师的角色中，国家也应当向市场传递清晰而可靠的信号，让经济在必要投资的可预见范围内发展。可见性确实是要求国家财政持久的经济主体能够拥护的根本条件，我们后面会继续谈到。

推进和规范大型规划方案，放眼未来

最后，国家应该找回它不再拥有的推进"大项目"（可以是聚合一些实现过程中去中心化的项目，比如建筑和住宅的热能革新）的角色。我们已经看到能源过渡投资主要是对于基础设施建设的长期资助。这种投资单靠私人部门的资助是不可能的。一个规定好的费率框架是很有必要的，同时还需要稳定的政策，保证私人投资者不会因这个框架在资助过程中被反复推翻而遭受风险。国家有必要公示战略，而且这个战略应该是个长久战略。根据世界银行集团保险公司的一项研究①，政策不稳定性其实是北方在非洲大陆进行私人投资的第一道阻力。私人投资者们本身就会要求国家长期干预这类项目，这很好地证明了完全自由主义的局限。同时我们也观察到，自从2008年危机（发达国家政府基本拿出了所有的预算余裕才解决这场危机）发生以来，基础设施建设投资大大减缓，尽管这些投资可能具备必要性和需求反弹效应。我们后面会看到如何在货币融资杠杆的帮助下摆脱这种僵局。

尊重法律，向着去碳化经济进行能源过渡程序监管，这些需要实行新的跟踪和风险指标。这个领域非常大，是从融合了负面外部性的经济预测模型、国内生产总值辅助指标模型（法国的Sas法令②）扩展到对于新型经济指标的跟踪。收集气候变化观察数据，将之建模，并将气候风险计入标准风险指数，尤其是在金融领域，这些都是应当由国家从整体利益的角度考虑来承担的任务。在某些情况下，国家业务组织和领土行政管理不能适应能源过渡的横向问题，应该有所调整。比如，在当今法国，土地责任转归市镇，这让综合性交通的实施变得复杂而缓慢。紧凑城市的方案需要以一个崭新

---

① 生动经济学（Vivid Economics）:《资助绿色增长》，2014年6月，第51页。

②《2015年4月13日第2015-411号法令旨在于公共政治定义中核算新的财富指数》，《JORF》，第0087期，2015年4月14日，第6625页。

的方式考虑到都市安排：重新创造中型城市，将居所、商业区和办公场所凑近，让私家车在城市里变得没用，避免独立房屋区域等。

最后，这一点很基本，国家应该将生态能源过渡变成一个全社会的大项目。对抗气候变化是一个关乎全体利益的问题；不管愿意与否，我们都呼吸着相同的空气。欧洲社会正在被群体归属感和离心的深度危机横扫，而能源过渡项目应该成为一个共同伟业。

必要的国际合作

为了顺利完成能源过渡，各国还应该保持强势，把影响扩大到国境之外。排放量减少的目标（要记得是从现在起到2050年把世界碳密度水平除以6）只有在施展起全球化措施的情况下才能够达到，这么说是出于多个原因。首先，一个物理原因。即使我们已经养成习惯说排放量是属于这个或那个国家，温室气体（不同于当地污染）是散发到大气中的，不分国界。对抗变暖的这场斗争因而需要所有国家都快速向善——从那些污染大国开始。

2010年，五个最大的污染排放国家或地区——欧洲、美国、中国、俄罗斯和印度——整年排放量略微超过全球排放量的60%，其中24%为中国，16%为美国[①]；再过20年，中国排放的二氧化碳将会相当于美国自工业革命以来的全部排放量。在几大新兴经济增长国家或地区——印度、中国、东南亚、非洲——排放量可以涨得很快，如果这些国家或地区选择了传统增长方式，特别是基于化石能源使用的增长方式。不过，新兴国家的一部分排放量是来源于发达国家工业制造迁移。以后，工业制造产业链全球化和全球商业自由化，以及在发达国家针对碳排放实行任何"重"费率都会促使企业一旦有可能且经济上合适，便把生产迁移到一个碳费率不那么高的地方。然而，这样不是说要封掉它们去新兴（或者发展中）国家进行开发的资格。这些国家应该尽快采取一条与气温升高2℃目标兼容、对气候变化抗冲击的经济发展道路。比如在撒哈拉沙漠南部的非洲地区，仍然只有部分地方通电，那么某些国家可以采用"微型电气化"，借助很多个人使用的太阳能设备，替换掉有污染的木炭取暖和烧煮。一个电气化网络（也就是说建设电流传送网，让电能可以大规模地分发到家庭和工厂）也可以加速发展，并"与2℃目标兼容"，只要它是优先基于大陆上水电的广泛可能性以及太阳能和风能。

[①] 参见"Shift Project"数据页，根据世界银行和世界资源研究所（World Resources Institute）的数据库：《前20名温室气体排放国——分部门统计》，tsp-data-portal.org。

为了将全球国内生产总值和其中含碳的内容解绑，同时避免气候变暖超过 4℃会引发的大规模混乱的经济衰减，国际协作不可或缺。直到现在，只有部分地区达成了这种合作。国际合作的联合国框架使得从一开始就出现了所谓的"自由骑士"（free rider）或"密谋过客"（passager clandestin）式的行为，导致了"公共财产悲剧"[①]。每一个表示自己在二氧化碳储量上是弱势方的国家都会认为，应该由其他国家而不是自己来付出努力，因而想要免费享受别国的努力成果。此外，联合国没有处罚制裁的权力。比如加拿大在 1997 年签订了《京都议定书》，却在 2011 年底解约。最后在 2012 年，全球低于 15% 的排放量是这个协议的覆盖范围，既有局限性又约束力不足。

相反，2015 年 12 月的《巴黎协定》构成了国际合作上的一个真正的进步；实际上，这是第一次，195 个国家参与进来，而没有密谋过客；至今有 177 个国家签订了协议[②]。但是中伤者指责《巴黎协定》是纯粹的宣示而不具备任何约束力；这里并不涉及国际管制，差之甚远，而是一个政治协作框架，具体政策还是由各国全权处理。因此《巴黎协定》是

[①] 参见《infra》，第 118 页。

[②] 2016 年 7 月 4 日……参见《记录：巴黎协定的 177 位签署者》，cop21.gouv.fr。

基于自愿加入的机制，INDC（Intended Nationally Determined Contributions），或者用法语说就是"contributions envisagées et déterminées nationalement"（国家自定贡献预案）。每个国家都展示了各自的减排方案，其进展要展示给《联合国气候变化框架公约》（UNFCCC，1992年创立），新方案要每隔5年展示一次。

方案的计算方法论不唯一：美国从2005年起步（页岩气开发之前，页岩气替代煤炭使得排放量减少），德国从1990年起步（前民主德国及其煤炭发电站融入时）。在很多国家，包括发达国家，碳核算仍在演进中。全球范围内减排方案的领航和测算工具正在出台中，由《联合国气候变化框架公约》（UNFCCC）护航，这已经是很大的一步。这也证实了在巴黎做出的承诺还不够，因为2016年1月，很多观察者们表示如果《巴黎协定》得到遵守，国家自定贡献预案（INDC）[1]累加将会导致21世纪末[2]气温升高3℃到4℃。

如今，两个真正的全球组织在联合国的保障下加入了对

---

[1] 国家自定贡献预案（INDC）太不精准，不可能由此推演出一个固定的二氧化碳密集度计算方法。相反，对于所有科学家来说都很清楚，他们这样的立志不足以让温度升高停留在2℃以下。

[2] 参见气候行动追踪器（Climate Action Tracker）：《INDC将计划将变暖控制在2.7℃：重大进步，但仍高于2℃》，climateactiontracker.org，2015年10月1日。

抗气候变暖的协作。跨政府气候变化委员会（IPCC）负责概括全世界科学家研究成果，通过这些研究成果理解气候变化的起因和后果，提倡可以采取的措施；《联合国气候变化框架公约》（UNFCCC）记录并跟踪国家自定贡献预案（INDC）以及"缔约方会议"（COP）上协商达成的约定的落实情况。这两个组织的参与者由各国委派，这意味着这些国家的潜在缺失可能影响到这两个组织的工作品质。

但是国际合作也存在于国家框架之外。企业、投资者或城市在能源过渡政策上进行自发联盟，目前在能源过渡的进展上扮演着一个决定性的角色，这完全符合主流经济自由化和全球化的特征。这里要提到"城市为气候"[①]（Cities for Climate），它由全球 40 个大城市组成联盟，交换都市交通和紧凑城市发展上的好做法；蒙特利尔碳担保（Montréal Carbon Pledge）或者投资组合去碳同盟（Portfolio Decarbonization Coalition），决定与化石能源解约的投资者联盟[②]。

---

① 参见《掌舵委员会》（Steering Committee）：c40.org。

② 2016 年 6 月，蒙特利尔碳担保（montrealpledge.org）重组了 120 个投资者，经营 10 万亿美元。投资组合去碳同盟（Portfolio Decarbonization Coalition，联合国环境规划署金融倡议部旗下的组织，简称 PDC）经营超过 6000 亿美元的资产。

这些参与者在能源过渡进程上都扮演了决定性的角色，不过他们不能替代国家管制、规范和约束的职能。此外，能源过渡问题始终在国际机构的日程表上缺位，而这些国际机构可以在能源过渡的推进上扮演很重要的角色。可以援引的例子，比如一个监督会计标准的欧洲机构——国际会计准则理事会（IASB, International Accounting Standards Board），或者负责监督世界银行和金融规章的国际清算银行（BIS）。这些机构没有将气候变化融入它们的风险评估模型中。如今，在欧洲，没有任何企业或银行有义务在它们的账目中反映出气候风险。对于保险公司也一样。2015年在这些问题上已经有所进步，我们后面还会谈及。

制定碳价信号

为了真正地启动能源过渡，有必要对碳排放"规定费率"。经济学家们在这一点上现在达成了共识。给环境造成的损失应该让污染者付出代价，代价一定要够高，使他放弃排放。系统性地来说，这会激励设备供应商或设想解决方案的业务部门以"经济去碳化"为目标开发产品和服务，这些产品和服务会变得更能赢利（因为它们可以让购买者减少碳成本），并且投资于研究和开发。这种碳费率很可能是能源过渡国家政策和国际合作中的重大主题。显著的进步正在路上。不过有可能195个成员国达成协议，确定一个统一的碳价。为了达到目标,在经济中实行这样的信号价格,我们可以借助三种工具:标准和规定、碳税、可交易限额。

标准和规定

旨在限制某个产品或服务的二氧化碳排放的标准和规定在两种情况下是一种有效工具。在采取碳管制的产品的销售者与购买者之间存在强烈不对等的情况下(销售者清楚自己卖的东西的特点,而购买者不知道如何测量这些特点),和/或如果为了产生激励效果应该达到的碳价水平太高。典型地,住宅领域和汽车领域是这种类型机制的目标选项。对于一户家庭来说,很难了解自己买到的住房在建筑、装修上是否完好,或者它的取暖设备是否有效。等他心里有数的时候就迟了,只能看着他的发票。对于汽车也一样,正如汽车制造者们最近几场耸人听闻的欺诈案所展示的那样[1]。只有通过法律规定,变暖能力极强[2]而通常成本相当低的含氟产品的问题才能得到解决。制定标准和规定的能力是欧盟的强项;在住房和汽车领域里,我们通过很多事实观察到在温室气体排放和能源的问题上,欧盟的态度日益强硬起来。

---

[1] 这些参与者在能源过渡进程上都扮演了决定性的角色。

[2] 六氟化硫的全球变暖力是23000℃,氢氟烃是2000℃(参见Citepa:《氢氟烃——HFC》,citepa.org,2016年7月27日)。

碳税

　　碳税是让二氧化碳排放代价提高最直接、最明了的工具。理论上讲，它应该适用于那些使用和生产中（以及所有相关环节，包括运输）都会排放二氧化碳的产品。碳税的水平应该取决于产品的"含碳量"（contenu carbone），可以用一个定价（每排放1吨二氧化碳多少欧元）衡量。这个定价最好在一段时间里是增长的，让经济主体在经济上适应起来。太高的定价其实有风险，会让家庭和企业陷入困境，尤其是那些生产中碳很密集的家庭和企业。此外，有必要留出时间让替代解决方案慢慢发展。重点尤其是"信号"的可读性和它的可信度；为了让碳税能够有效，让它能被人们严肃看待才是战略性的做法。

　　在实际操作上，碳税的出台方式很局限而且更简单。比如在法国，2014年碳税创立，适用于燃料和碳氢化合物（附带减免和豁免）。2016年它的费用是22欧元/吨，还有一个目标写在绿色增长能源过渡法案中，2020年是56欧元/吨，2030年是100欧元/吨，符合阿兰·基奈[①]（Alain Quinet）报

[①] 阿兰·基奈和战略分析中心:《碳的守护价值》，ladocumentationfrancaise.fr，2009年4月。这份报告计算了使2050年二氧化碳排放量降至1990年水平四分之一所必需的碳成本。

告中的主张。1991年起，瑞典实行了一种碳税[1]，非常有效，迫使住房增加了低二氧化碳排放的能效系统。在转产需要公共帮助的情况下，企业得到补助。2014年，世界银行统计了40个国家，占世界排放量的12%，这些国家创立了碳税或者排放限额交易机制，或者在这个前景上处于准备阶段[2]。

法国税务方面正统建议是，除非特例，单个税种不应锁定于某种特定用法。碳税针对的产品能给国家总预算提供资金。但是它也可以用来资助一些以低碳经济为方向的能源过渡投资，或者还可以降低劳动的社会负担，或者帮助能源消耗较多、因碳税而遭受特别损失的困难家庭或小型企业。

可交易限额

最后，有可能启动温室气体排放权交易市场（实际操作中是排放限额交易市场）；欧洲在2005年做到了，而如今一些地区、城市，以及在美国、中国、日本、墨西哥这样的国家里也存在一些限额交易市场，原则如下：公共力量每年为一个特定的工业地点或一段特定时期确定一个排放量上限（随时间递减），它会创造出可交易的期权（"污染许可证"）。

---

[1] 初始金额是每吨二氧化碳27欧元，逐步提高，直到2014年达到110欧元，参见第4章。

[2] 参见世界银行：《给碳定价》，worldbank.org。

任何处于这样部署之下的企业必须获得与它排放量相符的许可，每年上报。如果企业没有足够的许可限额，它就应该从市场上购买，或者支付一笔威慑性的罚款。

欧洲的体系，名为欧盟排放交易系统（EU ETS），至今覆盖了12000个工业地点，它们的二氧化碳排放量占欧洲总量的一半[①]。这个体系瞄准排放最集中的领域——材料（钢铁、水泥、造纸、化工）、电力生产商，都是强热工地，最近扩展到航空交通。扩散的排放量（有关陆地交通、取暖、限额外工业和其他一些活动，如农业、旅游业、服务业等）责任归各成员国，它们可以实行国内措施，比如我们前面看到的碳税。尽管欧洲体系覆盖的二氧化碳排放量下降了[②]，欧洲市场仍然没有表现得很有效。每排放1吨二氧化碳的价格目前在5欧元到10欧元之间波动，对于激励减排是不够的。这种相对低效的原因大家都知道：下发了太多二氧化碳限额。我们目前观察到的配额超发一部分是由于2008年的经济危机，它使排放限额的需求减少。此外，可再生能源的快速开发创造了过剩的供

---

① 2014年是4282兆吨二氧化碳当量。

② 2014年，欧盟排放交易系统（EU ETS）覆盖的装置的温室气体排放量达到2006年以来最低，也就是1789兆吨二氧化碳当量，2005年到2014年排放量下降24%（参见欧洲环境署：《2015年欧洲趋势和预测》，2015年）。

应，电力供应商继续平行地投资于传统生产设备。最后能源节约的部署也给需求减弱贡献了它的一份力量。

碳费率的目标之一是激励那些产生二氧化碳的活动减排。然而当这些活动参与国际竞争，这样的碳约束加重了它们的成本，使它们竞争力减弱，这会促使它们迁移生产地点或者从开始就不在欧洲投资。这样就造成了两方面的损失：二氧化碳问题上没有收获（因为竞争技术在这个问题上不是那么高效）以及就业和竞争力上的损失。对于钢铁工业尤其是这样，如今它要忍受"带馅"钢铁（更便宜但排放更多碳，因为用的电主要来自煤炭燃烧），而又不像美国竞争者们那样得到保护。在这样的背景下，碳约束显然让人日子不好过，于是需要补贴和帮助才能限制这些效果。至今这些补助存在于最暴露在国际竞争之下的一些工业领域（钢铁、化工、造纸、化肥），形式是二氧化碳非直接排放成本补贴[1]，还有几乎所有限额的免费分拨。电力供应商被迫购买他们的限额，这些限额在拍卖会上有售。限额的免费分拨（有市场价值）本质上相当于一笔津贴。然而它有一个很大的缺点就是引发了流通限额过剩，于是限额价值下降，这在总体上减弱了这个体系的有效性。

---

[1] 2012年欧盟关于排放交易系统框架内国家帮助的"指令大纲"让间接二氧化碳排放成本得到补足。

ETS 系统的失效几年前就为人所知。尽管有好几个技术修正案，现在看起来显然这个系统不能帮助欧盟兑现它在第 21 届缔约方会议（COP21）上的承诺。帕斯卡尔·冈范、阿兰·格兰德让和杰拉尔·梅斯特雷（Gérard Mestrallet）组成的委员会由法国能源部长塞格琳·罗雅尔（Ségolène Royal）——目前是第 21 届缔约方会议（COP21）主席——任命，任务是提出部署的改善方案，并且特别是要能够"交出"一个最低价，保证上限价格不会被超过[①]。

冈范-格兰德让-梅斯特雷考察团关于 EU ETS 市场的 6 个提议

1. 从 2020 年起，采用欧洲碳市场减排方案，针对 2050 年的气候目标，把欧洲理事会（le Conseil européen）保留的排放上限每年减少系数 2.2% 改为一个在 2.4% 到 2.6% 之间的数值，并加速将限额盈余收回储备。

2. 在欧洲引入碳价长廊，基于加利福尼亚或魁北克模型，设定拍卖保留价格（prix de réserve），在拍卖过程中最低价格没有达到的情况下，排放限额就不能进入市场。

3. 以如下路线设定最低价格：2020 年在 20 到 30 欧元之间，每年增加 5% 到 10%，到 2030 年超过 50 欧元，以加速

---

① 最终报告可以在阿兰·格兰德让的博客上看到，"人类世专栏"，alaingrandjean.fr。

向更低碳的方案过渡，特别是在能源领域。把最高价格设定为 2020 年 50 欧元，每年增长类似最低价格。

4. 鼓励各国将排放限额拍卖收入的用处瞄准低碳创新，最低价格产生的社会和经济效果的控制，以及对发展中国家对抗气候变化的支持。

5. 引入最低价格和最高价格的定期（每隔 5 年）复查系统，在欧洲各大机构和一个独立顾问委员会之间形成对话，对话应围绕可用的最优质数据库，特别是《巴黎协定》预估的欧洲目标的提高进度。

6. 任何情况下，都要在欧洲决策国和其他成员国之间形成强势同盟，让欧盟的碳收费壮大，特别是在量化管制的基础上让欧洲碳市场价格长廊的想法壮大。

清除碳泡沫：把可燃物留在土壤里

从能源生产商盈利模式的基本角度看，碳费率的冲击将会来得重大而快速：他们化石燃料储备的升值。在美国之外，化石燃料储备常常属于它们所在的国家。在它们属于私人的情况下，开发公司从当地政府手中获得转让特许权，从而有权利在一段最高长达 60 年的时间里开采加工。一般来说，转让合同会预估开发公司和当地政府之间对于产出产品的分成。开发公司在自己的资产负债表里写下根据合同他们从储备中可以得到的未来收入的贴现值。这些储备在私人石油开采商资产负债表中占据了相当大的一部分（比如对于 Total 集团来说 2015 年底占到了四分之一[①]）。不过，为了将气候变暖维持在 2℃以下，必须让目前已证实为化石能源 60% 到 80% 的世界储备留在土壤中[②]，而且这是对于排放"干净"（尤其是碳收集和碳存储）的生产技术开发进度的乐观估计。尽管我们不能确切知道这些已被证实的世界储备中哪些部分属于私人开发公司，但是由于有个 2℃的目标，我们可以料想这些公司记在它们资产负债表上的储备肯定会导致股价剧跌。名为碳追踪（Carbon Tracker）的智囊团在 2013 年发表了一份报告，计算目前开采商账目上的化石能源资产估值（对应了应该留在土壤里的储备）达 6 万亿美元[③]。企业账目中的工业资产也将贬值（从加工生产装置和煤炭、石油运输开始）。因此我们可以认为这些贬值的"搁浅资产"（stranded assets）的总额就像一个金融泡沫，我们称之为"碳泡沫"（bulle carbone），从法律判决这些可燃物不该开采的一刻开始。这将表示每年投资于这些可燃物开采的约 7000 亿美元不再可能兑现。

[①] Total：《参考文档》，2015 年，第 225 页。

[②] Total：《参考文档》，2015 年，第 28 页，注 14。

[③] 碳追踪器（Carbon Tracker）：《不可燃碳2013：浪费资本和搁浅资产》，carbontracker.org，2013 年 4 月。

"搁浅资产"的概念在气候参与者中已经产生初步影响，在公民社会，在专家内阁，但是并没有被主管部门记入法案。因为目前设计的法规本身大部分是"市场规则"：自由化的市场被认为可以自己发送适当的信号，主管部门组织记录，但是并不推进。由于统制经济规定缺位，碳价信号上涨，导致碳泡沫逐步被清洗：这会使化石燃料的开采—生产投资的收益越变越薄，因而降低投资总额以及生产者储备对应的估值。

储备的"搁浅"问题并不是对于每种化石燃料都一样。要记得燃烧煤炭进行火力发电，每产 1 度电排放 380 克二氧化碳当量[①]，应该优先结束这种在世界电力生产中占主导地位的燃料的使用；石油的排放系数少了四分之一，每度电排放 290 克二氧化碳当量，煤气排放系数低 40%，每度电排放 240 克二氧化碳当量。

煤炭价格会遏制能源市场被含碳资源"淹没"，这些含碳资源如今不怎么贵，以至于它们可以凭着充足产量阻碍正在进行的扶持非化石能源的发电多样化进程。高速追逐已经启动——而"石油巨头们"遥遥领先，因为他们的先机是用煤气开发（有着"干净"的形象，因为它的燃烧不释放灰尘，

[①] 参见法国环境与能源控制署的网站（Ademe, www.ademe.fr）；这涉及能源的直接使用中的碳足印，在它可能转换成电能、转换过程产生能量损失之前。

但其实却是气候变化贡献大户)代替煤炭,任由石油生产衰微也问题不大;从2030—2040年起自然会到来,在经济人口共同作用下,会有一个需求高峰,煤气紧跟其后。

向着碳价长廊努力

帕斯卡尔·冈范和阿兰·格兰德让所著的报告《调动气候融资》[①]中提议建立一个碳价长廊,也就是由随时间变化的一个最低价格和一个最高价格划定界限的信号价格,志在给投资者们提供一个可解释的信号,引导他们做出投资决策。有志于此的发达国家和新兴国家可以出台一个碳价长廊或者"碳靶"(cible carbone),2020年前最低价格每吨二氧化碳15—20美元,2030/2035年最高目标价格每吨60—80美元。很多研究[②]显示最好这个信号价格在未来几十年里达到每吨二氧化碳100到300美元。一个这样的碳价长廊的出台可以联合起共同政治信号的力量与必要的柔韧性,因为不同国家和地理区域之间在价格水平和时间范围上有差异,这样可以考量到不同发展水平。每个国家和地理区域因而可以选择最适用

[①] 参见法国环境与能源控制署的网站(Ademe, www.ademe.fr);这涉及能源的直接使用中的碳足印,在它可能转换成电能、转换过程产生能量损失之前。

[②] 参见《碳价》,可持续发展资料来源中心(CRDD)书目,2016年3月。

于各自背景的税务或法规工具。分领域的价格将在冲击作用研究后于符合相应领域的过渡计划框架中确定。最低价格的约束可以保证部署的效率达到最优，而最高目标价格的约束可以给经济决策者们传达一个重要信息。以自愿的方式加入这个碳价长廊的国家会保证跟踪发起的创举，好落实碳价信号[①]。前面提到的冈范-格兰德让-梅斯特雷报告也提议加速这场运动，尤其是在 EU ETS 改革的框架中。

限制私有资本收益，以重新引导资本

碳价信号的实行可以逐渐让资本远离化石燃料融资，并且更普遍地说，远离含碳经济，这并不足以让这些资本流向能源过渡融资。正如我们在第 3 章提到过，不管是资助发达国家能源效率还是发展中国家绿色基础设施创设，能源过渡投资的本质是长期投资，有政治效用，收益很薄，因为它提供的服务不能获得高收益，而要让最终用户和国家能够负担得起。目前基础建设项目投资缺乏，而需求是存在的，很大程度上是由于投资者们在金融市场上获得了收益高出很多的可选机会。

[①] 参见世界银行在碳费率上的创举及其网站：www.carbonpricingleadership.org。

清除金融泡沫

正如我们所见，从20世纪80年代末起金融市场快速放松管制，使得资本普遍流向与实体经济断开联系的新金融领域。在全球所有大城市，银行给现存房地产再提供资金，使房地产价格升高，制造了泡沫。国债、原材料贸易和货币兑换为纯投机衍生产品做了"垫脚石"，这些投机产品主要是赌它们的行情变化。比如关于每天石油交易量的金融商品（instrument financier）是日常实体市场上交易量的30倍左右。利率的低水平，加上从宽的信贷政策，让金融投资者们可以大量贷款，为的是在杠杆效应下产生与资产估值无关的利润。负债没有偿还，资产带着债务转卖给了另一个人，初始持有者挣到了增值。超负债的烫山芋转手。对于21世纪头一个十年的金融状况，没有什么能比下面这个谚语定义得更好，它就是"让钱一直转手直到一无所有的艺术"。

超负债在西方经济中很普遍：银行、家庭、政府、企业。在这些状况下，金融圈只能靠中央银行持续而大量地静脉滴入才能运作下去。在真实风险极高的局势下，中央银行要注入流动资金，刻意将利率维持在很低的水平。据欧洲中央银行的数据，非银行投机基金（又称影子银行，或平行银行部门）2015年占金融部门资产39%[1]，或是通过杠杆效应，或是紧急向国家或企业以非贴息率（taux non bonifié）贷款以很低的成本获得流动资金，继续吸干所有赌本。这场赌博变得越来越铤而走险，越来越损失惨重；现实中充斥着对冲基金（hedge fund）（投机性投资基金）的轰动破产，也充满了投资人诉讼，他们上法庭抗议付给某些基金的高昂经营费用，理财结果却很糟糕。我们认为，重要的是这些投资者期待、由赌场赢家收割的收益百分比始终是2到3位数。只要金融部门的这种配置持续下去，就不可能存在生态能源过渡投资。首先是因为资本会流向这些金融泡沫，不能达到同样级别收益率的能源过渡项目就处于劣势。然后因为阴魂不散的股灾威胁阻止了长期投射和风险承担。

目前的金融部门配置从实体经济那里夺走资金用来制造繁荣，摧毁了发达经济的社会凝聚力。经济危机转化为给国家的附加成本，特别是在社会保障上，同时税务收入下降。此外，在欧盟《稳定与增长公约》[2]（SGP, Stability and Growth Pact）的紧密监控下，欧盟各国被迫在越来越多人对

---

[1] 2015欧洲央行年报，专栏9，第68页。

[2]《稳定与增长公约》是一系列规则，目的是让欧盟各国限制它们的公共赤字，协调预算政策（参见欧盟委员会：《稳定与增长公约》，ec.europa.eu）。

社保有需要的时候降低社保。这增加了不平等，损坏了社会凝聚力，相反很多经济学家建议在危机时期通过加强国家的保护人角色[1]来支撑需求。这里引用经济学家皮埃尔-诺埃勒·吉罗（Pierre-Noël Giraud）在国立巴黎高等矿业学校（Mines Paris Tech）教书时说的话："有了2008年的危机，金融业抢钱获得巨大成功：信息最不灵通的参与者们的储蓄和所有其他人的收入"[2]。

金融管制是能源过渡的主心骨。我们在本书中提到的建议来自很多经济学家：英国的阿代尔·特纳；法国的盖尔·吉罗、米歇尔·阿耶塔（Michel Aglietta）、杰沙贝尔·库皮-苏伯朗（Jézabel Couppey-Soubeyran）、劳伦斯·沙仑（Laurence Scialom）等。应该将储蓄和信贷重新引导到实体经济那里，和能源过渡一起为它们提供一个稳定而繁荣的投资框架。这里需要再次确认的是，金融风险的承担和它们行情的不稳定性以及挥发度一起茂盛生长；这种状态与实体领域投资需要的最低限度的稳定性和可见性恰恰相反。如果从微观经济的角度看，工业企业喜欢得到保险，不受这种与挥发度相关的

---

[1] 参见安东尼·B.阿特金森（Anthony B. Atkinson）:《不平等》，巴黎，瑟伊出版社，2016年。

[2] 皮埃尔-诺埃勒·吉罗（Pierre-Noël Giraud）:《无用之人》（L'Homme inutile），巴黎，奥迪勒·雅各布出版社（Odile Jacob），2015年，第209页。

风险影响，但却并不总能明白，从宏观经济的角度，世界越挥发，"金融保险生产者"这个行业越有赚头。市场仅有的强项只能让世界变得越来越不稳定，和极力膜拜隐形之手的理论经济学家们的梦想很不一样。重塑金融系统稳定性，首先就能让金融部门本身受益，它将找回全球繁荣，并继续扮演它在所有有效经济领域应该扮演的中心角色。

控制影子银行

首先一起来检视一下影子银行的管制。我们说过，根据来自欧洲中央银行非常权威的数据，影子银行占到欧洲金融部门资产的39%。这个领域的组成元素有对冲基金（hedge fund）和证券化载体等，没有被很好地认识，因为它绝对没有受到监管：无交易结构记录，无从业资格证书，无管制部门。完全混沌！这个平行银行部门应该受到适当的管制，或者回归管制下的银行部门。

区分商人银行（banques d'affaires）和储蓄银行

接下来说一说银行。首先无论如何必须将金融活动（或者又叫商人银行、市场银行、"投资银行"，所有这些说法都是同义词）跟商业银行（或者说信贷和储蓄银行）的活动分开。这种隔离在法国强势执行过，直到1984年的银行法。在美国，它由1933年格拉斯-斯蒂格尔法案（Glass Steagall Act）确立，但这个法案1999年被废除了。正是那些投机活动威胁到了银行的稳定性；但是又以信贷和储蓄活动需要持续（不然经济会停滞！）为名，国家在危机的情况下用资金接济了它们。如果这道隐含担保不存在，如果投机活动必须自己寻找资金，那么显然投机就会变得不那么犯险。它将会依靠股东权益（fonds propres）运作，出现损失就会牵连到股东。这个提案2012年在法国议会引发了讨论[1]：它遭到了银行机构的顽固抗议[2]……在欧洲，这场战役也引起了风波，但是和在法国的情况一样，雷声大，雨点小。不过米歇尔·巴尔尼耶（Michel Barnier）在利卡宁报告（rapport Liikanen）之后做出了充满雄心壮志的提案[3]。也就是说这个领域面临着很大的挑战。这种隔离的做法是决定性的，一方面经济安全性将停止被太大不

---

[1] 为了了解当时做出的修正建议以及银行部门的意见，参见阿兰·格兰德让：《银行分离——尚有时间喊停的一个锋利计划》，alaingrandjean.fr，2012年12月26日。

[2] 参见阿德里安·德·特里戈、马蒂亚斯·忒波、弗朗克·德迪约（Adrien de Tricornot, Mathias Thépot et Franck Dedieu）：《我的朋友是金融！弗朗索瓦·奥朗德如何向银行家折腰》（Mon amie c'est la finance ! Comment François Hollande a plié devant les banquiers），蒙鲁（Montrouge），巴亚出版社（Bayard），2014年。

[3] 埃尔基·利卡宁（Erkki Liikanen）：《关于银行改革的欧洲专家委员会报告》，2012年，Wikipedia网站可见。

能破产的机构绑架，另一方面是形成压力集团，促成所有其他的改革，让金融为经济、社会和生态服务。

法国银行业对于这里提出的改革表达了反对[①]。反对意见有三条。第一条是分裂纯商业银行（信贷和储蓄活动）和商人银行（banques d'affaires）（资本市场活动），会阻碍后者从前者那里获取流动资金的渠道。这将迫使它们必须进行自有融资，大大减少它们的活动，可能引发的后果包括就业问题以及法国企业可支配服务的问题（这些企业可能被迫去仍然对全球开放的外国银行寻求这些服务）。风险很真实，但是这就是全部辩题：如何能让现金更多地流向银行的商业活动（信贷），更少地流向资本市场的金融活动？难道不该比较一下商人银行中现存的就业岗位和企业由于找不到贷款和资本投资者而没有创造的就业机会孰重孰轻？

第二条反对意见是，多用的银行模式，比一分为二的银行，在股灾的情况下将会更抗冲击。当然，我们还是可以推翻这个说法，只要考虑到，把不同活动混合起来会让信贷和储蓄活动分担资本市场活动的风险。因此，国家大规模干预来拯救巨型银行是必要的。总之，国家干预只有在风险本地化的情况下才会变得更昂贵。尤其是，商人银行的金融业务

[①] 详细分析参见阿兰·格兰德让：《银行分离——银行部门的反对》，alaingrandjean.fr，2013年1月10日。

会倾向于变得更审慎，于是全球金融系统若都在没有国家隐含担保的情况下自己承担风险，会变得更稳定。

第三条反对意见主要是警告，在银行分裂的情况下，法国银行将显得规模太小，不足以对抗外国银行的敌对收购。这种风险很真实，但在银行业进行外国投资管制才是可能的回答。

总之，根本矛盾在自由竞争的理论优势和前面所说的金融体系的管制问题之间。自由竞争在金融崩溃的情况下有国家的保障之网兜着，而缺乏管制的金融体系在现实中有着系统性的缺陷，对于所有人来说都显而易见。

重新调解信贷行为：给经济放贷的应该是银行而不是金融市场

在法国，战后经济是建立在对银行系统的强势管制的基础上。银行系统由法兰西银行分类规范化，并且如我们所见，部分业务内容是将储蓄引流到大项目上。法国基础设施建设存量（高速公路和铁路交通网络、发电站等）大多数构建于20世纪70年代之前。

从20世纪70年代末起，我们见证了所有发达国家中快速放宽管制，尤其在法国。1973年布雷顿森林协议的破裂开启了浮动汇兑制度，这造就了第一批衍生产品：外汇期权。衍生产品接着延伸到了其他的隐蔽产品：利率、贷款风险（信用违约交换，Credit Default Swaps）。1984年的法律确立了法国银行的统一地位，取消分类，整合行业，合并老储蓄银行和商人银行。1985年，企业有资格直接跟市场借钱，同时发行可交易的债权证券，借助于发行期限低于1年的大额存单（certificat de dépôt），以及期限更长的债券[1]。因此标致（Peugeot）的财务，为了管理它的金库，可以把盈余借给雷诺（Renault），不需要银行经手。然后出现了货币市场，短期钱币交易金融市场，银行做不得主。管制放宽，经济与金融界限开放，使全球化和资本移动成为可能，也给工资造成了可观的压力，因而加重了成本压力。通货膨胀率将要下跌，从1980年13.6%变成1990年3.4%，再降到2000年1.7%[2]。货币市场因而回报越来越低。

从20世纪80年代开始实行银行审慎监管体系：麦克多诺比率（ratio McDonough）和库克（Cooke）比率，然后是巴塞尔协定。银行相互之间大量借款：欧洲银行资产负债表中大约30%如今是由其他银行的交易构成的。这表示一家银行的破产可能产生很快的传染效应。审慎监管的主要元素是

---

[1] 大额存单（certificat de dépôt）发行期限低于1年，欧元中期票据（EMTN, Euro Medium Term Notes）期限是1到5年，债券（bonds）超过5年。

[2] 法国通胀（France inflation）：《法国通胀表及1901年来累积通胀因子》，franceinflation.com。

向银行要求一定的最低股东权益（偿付率）。这将深度改变银行的实践，因为根据交易的抵偿物，这个比率的计算方法不一样。国债不受影响，房地产贷款和消费贷款受到很少影响；相反，企业贷款受到很大损失。

股票运作中银行中介作用消失，加上审慎监管，在这样的双重效应下，银行给企业的贷款会大大减少。比如，客户贷款（企业和个人）在2012年只占法国银行资产负债表总额的27%[①]。审慎监管还会激励（这不是一个昭示出来的愿望）银行创造平行银行部门：那些有着贷款风险的活动（因而迫使银行持有作为抵偿物的股东权益）会从银行资产负债表中移除，入驻证券化载体中的投资基金。房地产贷款和企业贷款因而大量证券化，这就是2008年危机会爆发的原因：证券化载体破产，接着传染开来，请求银行担保，银行破产。为了避免一系列银行倒闭引发的大规模危机，国家不得不进行大规模干预，然而结果是国家超负债。

对于能源过渡资助来说，这种状况会产生很多后果，第一条后果是金融圈里收益率维持在很高的水平。这样的收益率水平因为投入资本很少而成为可能（跟金融杠杆的作用相关），其代价是整个金融圈很高的风险水平、资本的多变性、

---

① 盖尔·吉罗:《金融幻觉》(*Illusion financière*)，塞纳河畔伊夫里，工作室出版社，2014年，第201页。

低征税，我们后面还会谈到这个主题。表面上看起来，实体经济圈乃至银行圈对于资本来说都吸引力很小。不过还有一个后果，更根本。在30年里，放款人的行业，其本质已经有了深刻的改变，不是对于个人和房地产贷款而言，而是对于企业和项目贷款。SBF120中三分之二的企业贷款是由金融市场提供的。不过金融市场的角色不是承担风险，陪伴客户，在他遇到困难的时候和他一起寻找解决方案；金融市场和贷款人没有直接的关系。一份信贷合同在整个贷款期限内将银行和借钱的企业联系起来。当企业在金融市场通过发行债券融资，债券作为一种可交易证券，在它的生命中都可以在市场上被买卖，而企业不参与交易，债券持有者只要管着收回他应该拿的钱。关系是由评价机构进行"中介"，评价机构监督贷款的不偿付风险。如果债务人遇到困难，评价机构调低贷款的评级，它的价值就会下降，然后持有它的保险公司或养老基金就会找机会把它卖掉。评价机构的职责不是和企业一起寻找解决方案，而是为企业的债务找到投资，债务金融市场资助已证实、可测算、概率化的风险，而不是新风险。如果有一种新风险，就需要私人企业或政府的担保；后者由于不再有预算调遣盈余，拒绝提供担保。

再举个法国公共建筑热能效改造的例子。重要的第一步是批准3年约百亿的贷款，用于资助隔热工程和能源上更有效的设施建设[①]。技术得到了认证，并且每个项目都可以因为能源节约，在3～5年里获得收益。在金融市场的职责不是资助工程风险和现有能源效能风险的情况下，它们会要求担保，有了担保才会提供资助，担保可以是来自设施建造者，可以来自国家、受益者和付费者。如此，哪怕在技术上已经得到认证，还有公共终端客户的前提下，要启动资助，国家干预如今也必不可少——但在目前的预算限制下不可行。看起来法国经济（但不仅限于法国经济，因为所有欧洲国家都要共同经历这场经济资助变革）重新找回银行层面的风险承担能力是必需的。为此，我们认为巴塞尔审慎管制应该得到修正。有两种可能的解决方案。

第一个解决方案"比较弱"，主要是允许银行为能源过渡交易减轻风险加权。比如建筑热能效改造贷款可以在偿还比率计算中风险加权为零，和国债一样。这将会激励银行承担风险，融资成本因而变得更低。第二个解决方案"很强"，主要是考虑到巴塞尔委员会的管制建议不能履行它们作为银行系统风险稳定器的角色，而且这些管制建议还阻碍了银行承担信贷风险，从而激励银行持有无信贷风险的国债，因为在清偿风险计算中，国债的风险加权为零，于是会继续借钱给

[①] 参见projet-sfte.fr网站上的SFTE研究。

变得无清偿能力的国家政府。让我们跟随阿代尔·特纳的推荐[1]，在银行部门来一次充满雄心壮志的改革：清偿比率应该提高到核算资产的 25%，相比于目前约 7% 的风险加权资产；影子银行应该得到管制，在合同而不是机构的层面上，将保证金大幅度提高，银行系统远远不应当融合，而应当根据行业和国家进行细分[2]。信贷和储蓄活动的分离，让实体经济一定程度的稳定得以维持，能源过渡资助可以通过市场的这一部分进行，而在这些改革过后，在商人银行的所有者们的行动之下，金融泡沫会很快自动清除。商人银行过度负债水平从国家不会再借钱的那一刻起就自动矫正了，因为得益于商业银行和商人银行的分离，投机的后果对实体经济的即刻威胁，像 2008 年实现的那样，不再存在了。我们确实可以认为，当商人银行的股东们必须为他们自己的股东权益承担风险的时候，他们会变得或是更审慎，或是无论如何都清楚他们的

---

[1] 阿代尔·特纳：《债与魔之间：钱、信贷和全球金融调整》（*Between Debt and the Devil: Money, Credit, and Fixing Global*），普林斯顿，普林斯顿大学出版社，2015 年。

[2] 参见阿代尔·特纳：《债与魔之间：钱、信贷和全球金融调整》（*Between Debt and the Devil: Money, Credit, and Fixing Global*），普林斯顿，普林斯顿大学出版社，2015 年，第 12 和 13 章，由米黑耶·马提尼概括，"阿代尔·特纳勋爵：一个宣扬货币、信贷和银行激进改革的显贵"，alaingrandjean.fr，2016 年 1 月 6 日。

资本损失风险。

简单来说，要重新找到一个信贷市场作为金融市场的补充（其职责不是承担风险）以及一个能与大型投资项目资助兼容的金融部门，就像在法国黄金三十年（Trente Glorieuses）[①]存在过的那样。在这样的布局下，商业银行的信贷活动可以通过存款准备金体系得到正确引导。对于批准的每个类型的贷款，银行实际上都应该将金额按一定百分比转给中央银行。如果存款准备金比率很高，银行就不会愿意贷款给这个经济部门。为了促进对能源过渡的资助，可以给它免除准备金，这样能够保证货币创造通过模块化引导，服务于全局利益和国家采取的过渡战略。注意这样的绿色信贷政策已经在很多银行体系得到管制的发展中国家（中国、巴西）实施，1950年到1970年也曾在法国实施。

对金融交易收税

在金融市场上观察到的高收益源于高风险和不稳定性，但也源于它们中很多免税。1988年6月24日的欧洲指令使资本运动自由化，而在欧盟之中还存在着一些税率极低的国家（爱尔兰、卢森堡），在逃税天堂（安道尔和摩纳哥、泽西岛

[①] 1945—1975年。

和根西岛、荷属安的列斯群岛或者一些英属荒岛）之中还存在躲开一切司法监控的可能性（trust，信托组织，股东始终匿名，因而不可能被跟踪到）。举个例子，法国政府记录资本流到了卢森堡或泽西岛，但是却不可能阻止。资本运动自由主义在欧盟没有受到限制，并且从瑞士到新加坡，税率诱人的国家并不少。金融市场上展开的竞争（很真实）成了追逐低税的辩白。于是一个法国高速公路特许权公司，一个法国电信公司的收购组织，融资会找泽西岛的托管人，这个托管人会发行债券，由日本、美国和德国的机构投资者认购。打个比方，这些机构投资者不会买法国公司发行的债券，因为存在发行税率（尽管只有万分之几）。或者说它们会要求发行者补偿。如果发行者在司法上有可能通过向泽西岛注册的一家公司借钱来避税，它就会这样做。这一切都不违法。不向上税国报告利润来源才违法。机构投资者们是在税率很低的国家进行操作[连欧洲投资银行（EIB）的地址都在卢森堡]，因此不需要报税。金融部门总体来说缴税很少，对于各国政府来说很亏，因为国家最后救市借钱给金融市场的情况一点都不少，就像我们在2008年看到的那样。这有点像是您有一份免费的车险……

对金融交易收税首先是一种通过降低金融圈收益水平来稳定金融圈的方法，所以相对而言过渡投资也会显得更加具有吸引力。我们在第4章里提到了金融交易税（FTT）的历史这里引用2011年G20宣言的第82条：

我们知道随着时间推移，应该找到新的资金来源，以回应发展的需要……我们知道我们某些国家做出了创举，通过多样的终端向金融部门收税，特别是其中用来支持发展的一种金融交易税。

要知道金融交易税（FTT）每年可以带来500亿～3000亿美元的税收，根据考虑到的部署和不同的可能估算。

2013年，11个欧洲国家（法国、德国、意大利、西班牙、葡萄牙、奥地利、比利时、斯洛伐克、希腊、爱沙尼亚、斯洛文尼亚）发起欧洲建设历史上第一次在税务方面的"加强合作"。在不可能获得全部成员国参与的情况下，这项协议让某些成员国之间可以发起协同动作。政治介入是在2015年底得到一致，也就是巴黎气候大会之前。不幸的是，讨论没有得到结果，根本问题始终悬而不决，不管是关于课税基数（对股票交易是否征税，衍生产品合同可能的例外，等等），还是关于税制应用上对于发行地和居住地的定义。完全有理由认为金融交易税（FTT）已经处于停滞点上，无期限延后。除了失去本可以相较严厉的收紧措施更无害地消化财政赤字的可观税收来源，金融交易税的传说阐明了政治语言的双重性，从反面看，"公民·纳税人·选民"呼吁实行上述税制，而从正面看，"借款人·负债人·金融市场的反方"发现不可能这么做，尽管他在税务上拥有主权。全局利益要求紧急实行一种金融交易税,产出的税收可以全部或部分地分配给能源过渡或者其他预算手段(包括支持贫困群体)。

  作为本章的总结,显然存在多种杠杆将资本大量引导给生态能源过渡。税收、金融和法规上的激励政策可以围绕能源过渡项目创造一个繁荣的商业氛围。为了引导资本流向能源过渡资助,必须减少私有资本收益。为了达到这个效果,我们主张一种冒犯性的金融管制,与布鲁塞尔目前一直更加放松管制的倾向相反[1],这种金融管制将使金融圈稳定化,并将资本引导向长期投资。我们可以对比金融圈和气候圈的状态:为了让行动有效,就必须让它有规模;现状或者边缘化的调整对于规避崩塌威胁并不有效。这不只是相像,我们过去的增长和我们目前的生活水平是化石能源开采的产物。它们无节制的发展是得到银行信贷资助的,因而间接得到货币创造的资助,而它的用法却没有根据公共利益得到管制。所以金融危机和生态危机是不可持续的发展模式的两面。如果我们不改变这种发展模式,它就会改变我们,从社会上和生态上改变我们。我们还可以行动,即使已经很困难。我们必

---

[1] 参见乔纳森·希尔(Jonathan Hill)的角色分析,他是前金融稳定专员,效力于金融部门和由前金融监察员米歇尔·克里内(Michel Crinetz)创立的资本市场联盟,《欧洲金融管制:都靠后!》, latribune.fr, 2016年5月27日。

须如此。

　　我们在这一章里主要提到了一些矫正目前放纵状态、清除投机泡沫的强制措施。但是只有银行和金融部门得到切实的管制，同时保持繁荣，过渡才可能长久。重建长期信贷和储蓄引流能力还不够，必须让能源过渡项目变得有收益。我们在下一章里会提到改善能源过渡项目相对收益的几个路径。

第 7 章
利用金融和货币杠杆将资本引向能源过渡

"说尽力了是没用的。应该在必要的时机取胜。"

——温斯顿·丘吉尔

为了创造环境使大量资金涌向生态能源过渡，碳和金融管制是必不可少的先决条件。但是还存在一些税务、金融和货币工具，它们可以且应该被利用起来，作为管制的补充手段，以优化能源过渡经济。这里就要说一说如何做。

提高绿色产品的相对收益

为了将储蓄和信贷向着能源过渡的目标引导，必须首先确切地辨认后者。接着就可以利用两大类工具：财政政策［津贴、税额抵免，特别分期偿还制度和融资租贷合同（crédit-bail）］，用于增加项目的经济收益率，以及金融政策［贴息率（taux bonifié）、风险评估］，用于降低成本，因而增加项目的金融回报。涉及的问题永远是管制。

绿色产品：系统化地测量和显示它们对气候的正向影响

我们在第 1 章里提到过一个项目碳足迹的测算方法。我们如今已足够精确地了解了碳核算[①]（le bilan carbone），也就是说一家企业或一个项目的生命周期中产生或引入的排放量。对于所有温室气体，都是以二氧化碳当量（或"碳当量"）来计算，如此测算出研究对象排放的所有气体对于气候变暖的影响。我们还知道如何计算一个项目避免的排放量：我们或者将之与现有量比对，或者与其他可选项目比对，根据国际上正在确立的规则和规范。如此可以测算出"碳影响"（impact carbone），它能清楚地呈现出正面和负面的影响。

这些方法在法国主要通过法国环境与能源控制署（Ademe）和法国开发署（AFD）进行推广传播。为了对抗气候变暖，最紧要的就是系统性地评估这些碳影响，质疑一切产生的排放量比避免的排放量多的投资，因为这场我们与气

[①] 碳核算（le bilan carbone）从知识产权的意义上讲是从法国环境与能源控制署（Ademe）转到碳核算协会（l'Association bilan carbone），但是这种说法作为日常使用，指的是在某一特定年份里所有与企业活动有直接（作用域 1 和 2）或间接（作用域 3）关联的温室气体排放量（参见 associationbilancarbone.fr）。

候变化之间的战争，其必经之路是温室气体排放量的剧减。不过这个指标并不能完全覆盖生态系统的保护。比如，对于生物多样性的保护或者水源影响的测算都需要使用其他指标。方法正在开发中，联合国特别定义了一套新的指标体系：可持续发展目标（les objectifs pour le développement durable），简称ODD。它们将在所有国家用于计算，不光是发展中国家。这些目标里包括水生生物保护、水质清洁度、生活品质。

至于金融产品，存在一个证券或一组证券投资组合的碳影响的测算，还有一些让人可以投资于"低碳[1]"的股市指数。这些方法既不完美也不统一，但它们构成了一种可支配工具，可以开始在金融界当中加入这些挑战。必须将其用法体系化，针对银行批准的所有新贷款和所有市场融资，如股票或可交易债权证券。金融机构应该确立一种信用和担保政策，也就是根据碳影响为资助某个项目设置确切的门槛，不同领域分开，呼应主管部门和公共政治推进的全局过渡政策。对于担保的遵守应该是可控并能够依法制裁的。某个资助对象的碳影响应该融入目前的金融风险跟踪工具：银行的贷款风险评分和评价机构的债权证券评分，取决于不同的定义模式。由此，一旦碳影响不可接受的契约被排除，在这方面表现特别

---

[1] 参见碳4（Carbone 4）：《用碳影响分析指标建立低碳指数》，carbone4.com。

好的项目就能享有更低的融资成本，并且相对而言，碳影响中等的项目可能遭受损失。

所有工具都存在，并已经可以用于将贷款向着绿色对象定向引导；只缺政治愿望。2015年9月29日，一个重要的步骤已经完成，英格兰中央银行行长、金融稳定委员会主席马克·卡尼发表演讲①，标题很有张力：《结束远方的财产悲剧》，这里摘选一段：

存在三个向量，通过它们，气候变化可以扰乱金融稳定：

——首先，物理风险：气候事件的实际后果，作用于保险应付金额，以及金融财产的价值，就像洪水和暴风雨引发重大损失，扰乱贸易；

——接下来，责任风险：潜在的未来后果，如果遭受了损失和损害的经济主体要寻找他们认为对此负有责任的一方来索赔。这样的程序有可能在几十年后突如其来，并可能越来越加重排放碳的那些人的负担，而在这些排放者有责任保险的情况下，也牵连到他们的保险公司；

——最后，过渡风险：调整到低碳经济的过程中产生的金融风险。法规改革、技术和物理风险可能加速大面积资产的重新估值，随之而来的是成本和机会将实体化。

---

① 参见阿兰·格兰德让：《卡尼、维勒鲁瓦·德·加洛、特纳：金融界中心的气候风险》，引文。

这段演讲使气候风险对于银行圈和金融圈的重要意义正式化，在我们看来，它为一套新规的实行正名，这套规章可以认证绿色资助对象，引导贷款合理定向流动。在这个领域里，法国没有落后，出台了第173条绿色增长能源过渡法律，加强并明确了经济生活中不同企业的财报义务：

——金融投资者们和资产经营者们（2015年12月颁布的法令）；

——银行，审慎监管与处置局（ACPR）2016年为它们起草了一份不完全报告（没有预计法令，工作正在进行中）；

——地方团体（没有出现法令）；

——"大型"企业[上市公司，资产负债表或营业额（CA）超过1亿欧元或者拥有超过500名领工资的雇员，预计在2016年出台法令]。

关于大型企业，贸易法第225条将作如下补充[①]：

相关企业应该在年报（从2016年12月31日会计年度结束算起）中增加的信息有：

1. 与气候变化效应相关的金融风险。
2. 为降低实行低碳战略产生的影响而采取的措施。

---

① 参见 legifrance.gouv.fr 网站上 LTCV 第173条。

3. 企业活动及其产品和服务的使用对于气候变化造成的影响。

因此，法规在进步，哪怕在法国，关于大型企业和银行，确切的应用方式尚在讨论中。

通过财政政策提高绿色资助的相对收益

津贴是启动可再生能源开发的基本工具。良性循环已经起效（尽管刚开始有一些中断，特别是在法国和西班牙）。法规为太阳能和风能确定了足够高的收购费率。被改善后的收益吸引，投资大量涌入。设备供应商因而可以实现规模经济，降低价格，这让津贴得以降低。融资成本也随经验曲线减少，一方面由于风险得到更好的管控，方便金融家测算，另一方面由于开发商在招标时的竞争。在太阳能的案例中，成本减少的部分原因是零件制造地迁移到了中国，而那里的一些制造技术会排放更多温室气体。这一案例充分说明绿色项目金融核算与温室气体核算必须综合考量。因此津贴发放必须遵从全局战略。

税额抵免（crédit d'impôt）也是一种能让一个项目在头几年里获得收益的方式，头几年最难融资。比如税收可以分散在头五年里，用未来的收益补足。税额抵免和用于研发的税额抵免可以批给绿色技术开发，特别是碳收集和存储，这种技术是化石能源去碳化的中心要素，尚未经过足够的测试，所以不能拓展到可再生模型上。电能储备的战略挑战（主要是跨季储电，为实现跨季储电，泵站是目前的工业解决方案，想进一步加强该方案并不容易），成本目前很高，也需要动用税额抵免这种手段。对于某些设备，可以批准更长的分期偿还期限，这样可以把费用分散在一段时间里。

最后，补救融资缺位的方式是创造融资租贷合同（crédit-bail），以支持设备和投资。比如，法国有十分之一的住宅仍然配备燃油锅炉。在目前的经济局势下，一些家庭可能没有必要的资金去更换热泵，尽管它能大量减少化石能源的使用，甚至这些家庭也不能以低利率借钱（老年人或无业人员）。特别是因为一般取暖设备更换应该在建筑热能改造之后进行。一家公共银行可以开辟新型专门业务分支，成为新电子设备的所有者，给个人安装并租给他，就像上网用的调制解调器那样。租赁的电子取暖设备会比燃油锅炉的成本便宜，差价就能补足工程款。这类方案可以在发展中国家普及，发展中国家融资困难，不管是在设备的层面上，还是在用户或最终客户的层面上。

金融政策

要减少绿色项目或绿色企业的融资成本。某些能源过渡优先项目可以得到利率减少的银行贷款，由公共银行或国家补助的私人银行发放。这可以适用于垃圾分类回收或农业转产领域中创建的新型企业。

另一个降低项目融资利率的方式是将它的"碳优势"（qualité carbone）计入传统的金融风险评估中。如此，雷诺信贷国际（RCI, Renault Crédit International）银行，它是雷诺集团的银行，在 2015 年发行了为期 7 年、利率为 1% 的债券。这次发行被标准普尔（Standard & Poor's）评价为 BBB。如果它应该资助一个绿色项目，我们可以想象评价机构将这个优势纳入考量，在评分中给个"加分"，这样评价就能达到 A。不过，评价为 A 的债务在 2015 年价格是 0.5%，所以比 BBB 评分的债务便宜（这个例子里是 1%）。绿色标准由于能够给出更好的评分，可以让贷款成本减轻，在专门的管制框架中，投资者们对更偏绿色的证券胃口越来越大就是支撑。另外在所有其他条件一样的情况下，投资者们会被激励着资助这些项目，因为他们会享受到更便宜的贷款。这就是绿色债券[①]（green bonds）目前面临的挑战，其中超过 400 亿美元在 2015 年发放（前三年只有低于 50 亿美元，这证实了该问题引发了发行者和投资人的兴趣）。

因此，用以增加能源过渡投资的相对收益的可能技术窗

[①] 参见国际资本市场协会（International Capital Market Association）：《绿色债券》。

口是非常广泛的。它要求国家方面提供预算和管制手段。很多国家已经部分应用，包括推行了能源过渡法的法国。但是这些技术直到现在都只是部分投入使用，为了鼓励一个特定的领域或者特定的项目。现在应该将低碳资助激励系统化，以创造支持能源过渡的全球资金流。

引导公共资助杠杆效应：开发银行的角色

私人部门和公共部门如何在能源过渡资助中分配各自的角色？我们会从一个例子出发，依次明确私人资助、公共资助以及杠杆的概念，说明投资银行和开发银行的角色，特别是欧洲投资银行（EIB）的角色。我们会提到它们在气候融资中目前扮演的角色，以及开发银行的操作模式应该由此改变，以保证能源过渡融资的增长可以达到必要的规模。

公共资助和私人资助

我们在这里进入所谓的结构化融资技术的领域，这些技术很复杂，且在专业金融圈之外罕为人知。然而它们可以让公共资助大量介入，并将在能源过渡中扮演一个重要的角色。不深究细节，这里仅介绍一些原则，希望专家们原谅我们的简化说明。

让我们想象自己在一个发展中国家，将它称作冈瓦那[①]（Gondwana）。假设冈瓦那国在它通往实现去碳化发展道路的规划中，希望拥有一座水电站。这个选择的动力来源于它领土上水资源充足。这座水电站的成本根据设备的来源会有变动；为了简化问题，我们把成本定在10亿欧元。冈瓦那可以将这个行动做成一个公共项目或者私人项目。

公共资助

在公共资助上，冈瓦那国是项目工程的主人，且是水电站及其产出的电能的所有者。它应该资助这个项目：收购本属私人的土地，建造发电站，如果已经有电网，将发电站与电网连接，否则建造电网。冈瓦那的货币叫冈（gond）。如果发电站是由本国建筑公司建造，冈瓦那政府可以用它自己的货币资源来资助建造。如果这些资金还不够，可以用冈向本国私人投资者们发行国债。还能制造货币，让印钞机转起来，如果货币政策和冈瓦那的经济状况允许的话。

但是或许冈瓦那没有任何公司能够建造这座水电站，特别是如果政府希望这是一座高效且具备最前沿技术的新型水电站。想象一下它选择了法国电力公司（EDF）来给它建造

[①] 古代大陆名。

水电站。法国电力公司（EDF）不接受冈的付款。这个冈其实就是不可兑换货币（参见第 3 章[1]），只能在冈瓦那使用。法国电力公司（EDF）将会要求以欧元付款。如果冈瓦那没有欧元，它就必须贷款。而国际金融市场不会贷款给冈瓦那，原因和法国电力公司（EDF）不接受卖水电站以冈收款一样：冈是不可兑换货币。冈瓦那国需要求助于一家开发银行，得到所谓的"主权"贷款，换到可兑换外汇，这对交易来说必不可少。公共资助领域并不仅仅面向国家政府，也面向所有能够享有国家担保的机构：国家电力公司、城市、大区等。

在历史上，世界银行，布雷顿森林协定在 1944 年创立的两个机构之一，是唯一一个有权批准申请国以可兑换外汇进行主权贷款的地方。世界银行和国际货币基金组织保证发展中国家不超负债，并且贷款是用于能够产生外汇偿还负债的项目。模板支持过的项目是提炼碳氢化合物，方便出口，却损坏当地发展。约瑟夫·斯蒂格利茨（Joseph Stiglitz）的作品《大幻灭》[2]（*La Grande Désillusion*）就是对布雷顿森林货币秩序及其对发展引发的后果的辛辣批评，作者是 1997 年到 2000 年世界银行的首席经济学家。

---

[1] 注意世界上只有 18 种可自由兑换的货币。

[2] 约瑟夫·斯蒂格利茨（Joseph Stiglitz）：《大幻灭》，巴黎，口袋书出版社，2003 年。

世界银行是一家多边开发银行（MDB）。多边指的是很多国家都是它的股东，在这里就是国际货币基金组织（IMF）的189个成员，其中主要有美国（16.05%）、日本（8.94%）、中国（5.76%）、德国（4.73%）、英国和法国（4.22%）[①]。从1944年起，其他的多边开发银行（MDB）发展起来：非洲开发银行、亚洲开发银行、为南美洲而设置的美洲开发银行等。更近期一些，亚洲投资银行刚创立，主要是为了基础设施建设的投资。以外汇进行的公共资助也可以由双边开发银行批准，也就是说其中只有一个国家是股东（而国家间的贷款是双边的）。每个发达国家都拥有"它的"双边开发银行：法国开发署（AFD）、德国技术合作公司（GIZ）等。除了国家间贷款，多边开发银行和双边开发银行也会提供捐赠或所谓的"技术支持"资助：资助研究、项目前期等。它们也有私人资助，我们马上就会看到。

私人资助

冈瓦那国也可以为一个私人项目发起竞标。在这样的情况下，它请私人公司负责建设、经营水电站并销售电力。它会和私人公司签订一份转让合同，在预定好的时间里赋予私

[①] 世界银行：《世界银行投资者简报》，treasury.worldbank.org，第2页。

人公司必要的权利，过期之后这些装置再回归国家手中。这家私人公司要保证项目工程管控。合同也确定这家公司销售电力的价格以及随时间推移价格的变化。通常来讲，它会卖给国家或已经存在的当地电力公司，这样不用承受终端客户不付款的风险。

至于融资，我们重回到发达国家"强势"外汇的问题上。如果设备是当地的，融资可以由当地的金融市场和/或由国家或者当地开发银行保证，就像巴西的国家经济与社会开发银行（BNDES）。这些银行的股东是一些发展中国家，旨在通过将当地外汇在优惠的条件下借出来促进发展，有时贷款期限比当地金融市场能够提供得更长，那里退休金和保险体系以及长期储蓄的收集尚未发展成熟。发展中国家的情况在这个问题上反差很大，有一些国家比如智利和阿根廷有和我们类似的金融市场，其他国家的银行和金融系统只处于萌芽阶段，中央银行有时会沦为寡头政治权力的现金出纳机。

需要的设备和服务也可以来自发达国家。假设法国电力公司（EDF）建设并经营冈瓦那国的水电站。法国公司就该承担项目的所有风险：客户或冈瓦那国不付款、政治不稳定（战争或政府质疑上届领导人着手的项目）、可兑付性 [当法国电力公司（EDF）希望把在冈瓦那实现的利润带回法国时，冈瓦那国没有足够的外汇偿还比如用来资助建设的贷款]。不要忘了水电站花费是 10 亿欧元：对于法国电力公司（EDF

来说就是在冈瓦那承担了 10 亿欧元风险，这很多。然而还有一个选择，就是把交易升级为"项目资助"。

项目资助和多边开发银行（MDB）提供的换算风险保险

重点是要把项目风险孤立在一家与法国电力公司（EDF）划清界限的独立私人公司里。那么就把这间公司命名为法国电力 G 项目公司（EDF Société de Projet G）或者 EDF SPG。这家公司是与冈瓦那国签订的转让合同的持有人，它建设并经营水电站，销售电力。它的资产负债表总额约 10 亿欧元，也就是水电站的成本。想象一下它自己注资 20% 本金，80% 是贷款。法国电力公司（EDF）持有 30% 的项目资本。根据国际会计规则，它是少数股权股东；实际上（简化一点来说）如果法国电力公司（EDF）是多数股权股东，它就必须在资产负债表上计入这家子公司的全部，也就是 10 亿欧元；我们后面还会谈到法国电力公司（EDF）需要自己为交易融资的类似的风险状况。所以法国电力公司（EDF）给 EDF SPG 公司投资了 30% × 20% × 10 亿欧元也就是 6000 万欧元。剩下的资本一般由冈瓦那国出 30%（它会希望收到这家公司的分红并占据影响地位），然后是专门操作这类交易的一些投资基金（比如法国基金 Meridiam 和澳大利亚基金 Macquarie）。开发银行也可以加入少数股权股东的行列，比如在我们的例子里注资 1000 万欧元。

EDF SPG 应该向私人金融市场贷款 8 亿欧元。这里就主要需要开发银行的干预了。8 亿欧元的偿还将借助于 EDF 通过销售电力变现的冈。多边开发银行（MDB）将资助这 8 亿欧元中的一部分（比如 1 亿欧元），特别是为剩下的 7 亿欧元负债担保冈的可兑付性风险。如此，这笔贷款可以得到发达国家的私人投资者们资助：银行、保险公司、投资基金和养老基金。如果冈瓦那中央银行没有必需的外汇来把这份债务转换成欧元，多边银行会向发达国家投资者们以欧元付清债务，并把这笔金额加到该国的外汇贷款上。多边开发银行（MDB）在布雷顿森林协定的货币组织中有着优先债权人的地位，也就是说冈瓦那应该优先把外汇拨给它们，用来偿还跟它们欠下的债务。多边开发银行（MDB）还有权将优先债权人地位开放给发达国家投资者。

以这种方式资助私人部门的多边开发银行（MDB）有国际金融公司（英文是"International Finance Corporation"，IFC），它是世界银行负责私人部门的子公司；欧洲复兴开发银行（European Bank for Reconstruction and Development，EBRD），它负责苏联地区；还有其他多边开发银行（MDB）的"私人部门"子公司。双边开发银行也有"私人部门"子公司，比如法国开发署（AFD）的 Proparco。所以我们看到双边和多边开发银行在发展中国家的技术和融资的入口上扮演了决定性的角色，这些发展中国家对发达国家贸易出口不足，所以没有强势外汇。当开发银行以这种方式参与到私人项目融资中，它就扮演了领导者的角色（在金融圈行话中叫"arranger"，牵头行），统筹安排项目：它们可以帮助冈瓦那国进行项目的预先研究、起草方案、管理竞标、预测金融组合。通过它们对于很多国家和项目的了解，它们可以给利益相关者提供关于经济模式的建议，特别是定价。它们可以批准的低利率贷款，加上它们能够提供的担保，让项目提供的产品和服务定价合理，能令团体或个人用户接受。我们会在后面提到商业模式以及开发银行收益率的问题。

政治保险：多边投资担保机构（MIGA）的保障

我们已经看到当地政府和项目公司一起缔结了一份长期转让合同。如果合同在项目启动后受到质疑，给项目公司的分红或债务清偿就会遭到牵连。政治不稳定是首要风险之一，它会让投资者们放弃发展中国家的这些项目。气候不稳定会引发地缘政治不稳定，原因是资源争夺和人口迁移会导致冲突增加（美国国务院[①]将气候变化评为"威胁倍增器"）。这种恶性循环也进一步表明发展中国家有必要从现在起投身能源过渡，实现低碳、抗冲击的经济转型。

---

① 相当于法国外交部。

多边投资担保机构（MIGA，Multilateral Investment and Guarantee Agency）——世界银行集团的保险子公司判定，政治风险中规章反向调整的风险首当其冲，是继宏观经济不稳定之后第二个阻碍直接投资国外的因素。41%被问到的投资者都表示在这一年当中，出于这个原因放弃了一些投资项目[1]。这些风险在低碳领域特别突出[2]。多边投资担保机构（MIGA）目前每年承保32亿美元，可以发动60亿—80亿美元的公共和私人项目资助。根据收录的定义区划，这笔金额中20%到50%用于气候资助。多边投资担保机构（MIGA）担保可兑付性、战争和民事纠纷、国家不遵守合同契约以及征用风险。多边投资担保机构（MIGA）很轻松就能找到几家大的私人在保险公司进行分保，因为它的罚息（taux de défaut）很低。实际上，多边投资担保机构（MIGA）受益于它跟世界银行集团的附属关系，只要主国希望与世界银行集团维持良好的国际关系，它们就会在实践中保留经营中的项目，哪怕出现了严重的政治骚动。因此，该机构从创建之初起资助的700个项目中，只有两个成了申诉保证金的对象。

多边投资担保机构（MIGA）的保险是将私人资助带给私

---

[1] 多边投资担保机构（MIGA）：《世界投资和政治风险2013》，2014年，第51页。

[2] 生动经济学（Vivid Economics）：《资助绿色增长》，2014年6月。

人或公共项目的强力催化剂，因为它可以大大减少融资成本，因而使项目变得可资助。它还在能源过渡中扮演催化剂的角色，对有助于经济去碳化的项目提高干预体量。为了阐明这一点，如果多边投资担保机构（MIGA）的传统资助体量从现在起到2020年乘以5[①]，它们可以达到50亿~100亿美元，能够调动高达约250亿美元的私人资产。在欧洲的层面上，跟多边投资担保机构（MIGA）类似的手段也可以实行起来。

"北南资助"和"南南资助"

有人可能会反驳我们说，北南开发不是唯一的模式，南部的发展中国家也可以借助地区合作自发展和自融资。没错，但是只有当它们中的一些国家，特别是拉丁美洲和亚洲的国家，达到一定的科技水平，才能有条件自己推动发展。

从这个角度看，中国震动了从布雷顿森林协定继承下来的北南秩序。由于大量出口，中国的美元持有量在世界上排第一名，也成为了基础设施建设者。中国提议筹建了亚洲基础设施投资银行（AIIB, Asian Infrastructure Investment Bank），它是不需要经过布雷顿森林协定的机构。中国的石油部分在俄罗斯得到供应，支付卢布，不经过美元。俄罗斯或中国的

[①] 这很容易达到，正如我们在冈范和格兰德让任务中见证到的那样，参见任务报告，第69页。

私人企业如今可以进入北部的发达国家资本市场，不需要多边银行担保，而且它们还拥有大量的国内储蓄资金。某些拉丁美洲国家也是一样的情况。美国和美元支配的布雷顿森林货币秩序因而不再占据优势。

在某些情况下，回归资本运动控制也可以让一些国家或地区稳住自己的经济和货币。正如我们在第 3 章里提到的，国际货币机构正在讨论这个问题，致力于解决目前全球范围内资本和外汇流动性过剩的弊端。降低普遍过高的外汇风险，将促进支持能源过渡的投资。

公共资助的杠杆：政府和社会资本合作（PPP）

回到冈瓦那水电站项目。如果水电站是公共资助的对象，那么一家多边开发银行（MDB）会借给冈瓦那国 10 亿欧元，资助水电站项目。在这个情况下公共资金的使用中不存在任何杠杆。如果水电站是私人资助的对象就有杠杆了。在我们的例子里，一家多边开发银行（MDB）投资 1000 万欧元本金，1 亿欧元贷款；冈瓦那国投资 6000 万欧元，8.3 亿欧元由私人部门提供。这样我们可以说这笔交易的杠杆是 8.3：对应每 1 欧元的公共资金 [冈瓦那国和多边开发银行（MDB）的股东国] 有 8.3 欧元的私人资金投入进来。如果我们只从多边开发银行（MDB）的角度考虑问题，那么它在公共项目的情况下给出了 10 亿欧元贷款，在私人项目的情况下给出了 1 亿欧贷款。在私人资助上将杠杆最大化，是多边开发银行（MDB）明示的一种战略，在大部分成员国里是处于预算限制之下的。如果所有项目都是公共资助，多边开发银行（MDB）要给出更多的贷款，而它的股东，那些发达国家，就必须更快地为它重筹资本，这会加重这些股东国的预算压力。

多边开发银行（MDB）也会调动发展中国家开发项目，根据发达国家使用的技巧，所谓的政府和社会资本合作（PPP, partenariat public-privé），我们在第3章里提到过。这表示需要拥有与我们展示的那种结构一样的资助。它们专攻面向终端客户销售的项目。在我们的例子里，EDF SPG公司可以向冈瓦那的用户或冈瓦那国家电力公司销售电力。冈瓦那国家电力公司属于公共部门，因此EDF SPG的付款得到国家担保。如此，EDF SPG销售电力的价格可能和最终用户支付的价格不一样。国家补贴电力价格，这种电力资助被称为独立发电厂（IPP, Independant Power Producer）。

当项目涉及一项不能由用户或最终客户付款的公共服务（没有用户支付的大学、公共医院、监狱、交通运输网络或数据网络建设），资助结构被称为政府和社会资本合作（PPP）。国家将找一些私人项目公司建设并经营这些基础设施，给它们的酬劳是把基础设施的使用权在合同期限内租给它们；在公共会计核算上，这种年租属于运行支出国家不需要贷款进行工程建设，这会加重它的负债。政府和社会资本合作（PPP）

完成的基础设施建设对于最终用户来说可以免费使用，但对于纳税人来说并不是免费的，因为是国家承担成本。在欧洲和美国，从20世纪90年代末开始，大部分新的基础设施建设都是以这种模式建成。在法国，这涉及高速公路（A28、A19）、铁路（从图卢兹到波尔多的高速铁路线）、运河（塞纳北运河，canal Seine-Nord）的网络扩张，以及大学、医院和国防部与司法部的新楼建设。

这种模型的拥护者们夸赞私人部门在工程管控和成本、表现优化管理（合同契约的对象）上更加有效。而贬低者们则提出，相比于公共市场的超额费用可能很大，超额费用尤其会源于融资（私人项目公司借钱比国家借钱更贵）、项目编排的复杂性以及私人部门迫切要求风险得到第三方（建设者和保险公司）最大限度担保。贬低者们还强调，政府和社会资本合作（PPP）会导致大量资金从公共部门转往私人部门。那么问题在于搞清国家支付的价格与给集体提供的服务是否齐平。

这场辩论在能源过渡框架里非常重要。在前一章里，我们已经提到了国家政府在促进能源过渡上扮演的必不可少的角色，特别是在发展中国家。只有政府才能为全国确立一个过渡战略，出台适合这个战略推行的管制和费率规范，支持将会遭受影响的经济分支复原。同理，在发展中国家要发展一个储蓄收集社会保障平均主义系统，只能依靠国家。我们认为政府和社会资本合作（PPP）的发展会削弱国家的力量。从金融的角度看，这并不是系统性的，我们可以讨论私人部门提供的最高服务的品质和速度，一个案例一个案例地讨论。但是从实际操作、组织结构和人道主义的角度讲，工程管控竞争、对领土真实情况的了解、经验反馈、与用户和客户之间的对话，所有这一切对于通过政府和社会资本合作（PPP）发展项目的国家来说都丢失了。政府和社会资本合作（PPP）是与私人金融有着内在矛盾的化身。私人金融其实希望在一个稳定的框架里运营，要有强势的国家在末路时当它的担保，和属于政府和社会资本合作（PPP）范畴的客户。但是在向国家施加很强的预算限制并侵吞部分特权的同时，私人金融就会削弱国家的力量。为了避免这样，我们会在这一章的最后一部分建议国家通过使用货币创造服务于能源过渡项目，找回预算能力。

多边开发银行的商业模式：欧洲投资银行（EIB）和容克计划（plan Juncker）

回到多边开发银行。最重要的是世界银行（公共贷款）和它的子公司 SFI（私人贷款）、非洲和亚洲开发银行（公共和私人贷款）以及欧洲复兴开发银行（EBRD）（私人贷款）。欧洲投资银行（EIB）也是一家多边开发银行（MDB），其股东是欧盟国家。它介入 90% 的欧盟国家，大多数是私人项目。如果多边开发银行（MDB）的股东是国家，这些国家并不会是资助银行批准的贷款的主力,远远不是这样。以欧洲投资银行(EIB)为例,2015年底的资产负债表总额5700亿欧元中,实际由各国拨款的部分是220亿欧元。前面提到的其他多边开发银行(MDB)也是这样的比例。

多边开发银行(MDB)可以自行融资,向机构投资者们发行债券。欧洲投资银行(EIB)和其他提到的多边开发银行(MDB)一样,不能以太低的利率贷款,除非它能永久和金融市场借到钱偿还它的负债,与贷款组合的表现无关。要让这成为可能,只有当它在金融市场上获得所谓的AAA评分(无风险)。得到AAA评分的前提是:有各国政府作为它的股东,且各国不可撤销地保证——在需要的情况下——参与资助很大的金额(2430亿欧元,其中只有220亿欧元是实际支付的)。

开发银行的商业模式完全依托于这个AAA抵偿无风险评分。凭借这个评分,多边开发银行(MDB)确定可以向金融市场借钱,然后再贷款给项目。如果它们失去了这个评分,将被迫以高利息授予项目或国家贷款,使某些行动变得不可行,增加项目贷款人的不偿付风险——有了这样的风险,股东国就应当给多边开发银行(MDB)补充注资。

为了保留它们的AAA评级,多边开发银行(MDB)有着非常审慎的风险政策。它们只给没有重大困难的国家提供主权贷款;国际货币基金组织(IMF)直接处理贷款重组的情况。在私人项目资助上，它们会要求当地政府（我们的例子里是冈瓦那）或私人企业（我们的例子里是法国电力公司）提供保证金，并通过"强杠杆效应"保证自己不会在特定项目上蒙受太多的资金风险。在金融界行话中，人们会说"银行可融资性"（bankability），这显示在欧洲投资银行（EIB）的官网上："项目应该是银行可融资的（bankable）。"在经济学家们的行话中，人们会说风险厌恶（aversion au risque）。

借助容克计划（plan Juncker）来阐明我们的话题。我们可以在欧洲投资银行（EIB）的官网上看到这些。

"2014年11月，欧洲投资银行（EIB）行长、欧盟委员会主席让-克劳德·容克（Jean-Claude Juncker）宣布实行欧洲投资计划，旨在依靠全欧洲的战略性项目激活投资。这个计划的核心要素……欧洲战略投资基金（EFSI）……将尤其支持一些显示风险比欧洲投资银行（EIB）通常证券组合更高的项目。"

风险承担的问题被客观化了。这里是欧洲战略投资基金（EFSI）的结构，也是根据欧洲投资银行（EIB）官网上的资料。

欧洲战略投资基金（EFSI）应该允许在三年内解禁3150亿欧元的额外投资。欧洲战略投资基金（EFSI）在欧盟预算上享有160亿欧元的保证金，还有欧洲投资银行（EIB）自有资本中50亿欧元的贡献。

3150亿欧元中有2940亿欧元应该由私人部门资助,杠杆是14。对于大项目来说,这样的水平太高了,私人金融家会认为国家没有为资助带来足够的安全感。所以从逻辑上讲欧洲战略投资基金(EFSI)的前几个行动应该倾向于私人部门(给投资基金贷款)或中型企业。必须等到基础设施建设行动着手进行,才能测定欧洲战略投资基金(EFSI)准备承担的风险。

开发银行在能源过渡事业中的作用

为能源过渡造势并承担更多的风险

多边开发银行的贡献引人注目,不管是对于它们给私人项目引来的投资者,还是对于它们业务所在地的国家当局,而且它们常常是这些国家的债权人。它们可以且应该在促进过渡中扮演发动机的角色。多边开发银行享有能够吸引私人资本流向能源过渡的大片观众和"威慑力量",凭着它们优先债权人的地位(可兑换性担保),目前却受限于它们在金融市场上的融资模式,这种融资模式阻碍了它们承担重大风险。双边银行没有这种限制,因为它们一般是由各自的国家政府而不是金融市场资助;举个例子,法国开发署(AFD)就是这种情况。

多边开发银行已经具备气候资助经验和专业素养,根据2014年9月发布的《多边开发银行2013年气候资助联合报告》(Joint Report on MDB Climate Finance 2013),它们已经给气候资助注资230亿美元，占它们全部投资的18%。多边开发银行（MDB）应该增加它们的能源过渡资助。法国开发署（AFD）就是这样，它已经将50%的资金拨给能在对抗气候变暖的战斗中产生积极影响的项目[①]。其他的多边开发银行（MDB）应该快速看齐，或者做更多。考虑到杠杆效应，这将能使大量储蓄涌入能源过渡项目，特别是从发达国家到欠发达国家的导流。接着，就像很多不同内阁和智囊团推荐的那样[②]，它们可以更大范围地使用项目结构化工具，这样会降低私人共同资助者的风险。比如在一开始的两年到三年中，在项目亏损的情况下，要提供补偿担保，避免私人共同资助者破产，未来的收益将能补回这笔"预支款"。在这种类型的一系列干预下，它们可以有助于项目融资成本降低，因而加强项目的"银行可融资性"（bankability）。

贷款分配的全球手段

公共开发银行也可以更广泛地求助于"程序模式"（mode programme）融资，对于发展中国家规模较小的绿色项目来说这是一个融资入口。因为程序是由当地政府和开发银行共

[①] 这方法被称为"气候伴随收益"，参见法国开发署开创的方法论，《气候横向干预框架——法国开发署团队2012—2016年发展》。

[②] 参见新气候经济：《催化经济增长和气候行动的国际合作》，2015年；生动经济学（Vivid Economics），《资助绿色增长》，2014年。

同发起（就像支持南非独立可再生能源开发者的 REI4P 程序[①]），使得整个项目很透明，通过互助互惠和标准化降低了装配成本，向投资者们保证项目管制环境的可靠性，并促进国家或地区内低碳"政治经济"（所有经济和管制因素）的创造。这种程序手段可以拓展到通过当地银行网络分配信贷渠道，在银行部门不够发达的发展中国家为绿色项目提供资助，比如资助手工或个人的绿色设备（如太阳能灯）经销商。

法国开发署（AFD）已经广泛地在它授予的资助中实践这种手段，比如贷款给土耳其第一家私人银银行，或摩洛哥太阳能开发机构，支持它们在可再生能源上的发展。它也资助印度尼西亚或越南的政府发起的气候计划，让在适应和减轻上的好做法得以资本化。最后，它资助了一些市镇进行它们自己的交通开发和对条件差的区域进行翻修。

开发银行和非政府组织（NGO）之间实现优化衔接，让气候项目发展扩张到最贫困的人群那里（郊区、大都市的贫民窟等），这样的可能性尚未得到充分开发。实际上，一家开发银行本质上是不可能直接资助这些非常小的项目的。然而，这些微额（microfinance）机构和组织之间的关系还有很大的发展空间。经常，这些小项目达不到开发银行资助的最低门

[①] 参见帕斯卡尔·冈范和阿兰·格兰德让的报告，《调动气候资助》，2015 年 6 月，第 62 页。

槛。这里就体现出"池并"（pooler）的重要性，也就是把几十乃至几百个小项目通过有价证券活卖（portage）聚集到一起，借助于一种单一结构与开发银行缔结合同，接着扩散资助[①]。

除了开发银行，还有绿色气候基金（Fonds vert pour le climat），在地区和本土金融合伙人旁它扮演的是基金出租人的角色，可以带来必要的附加资源，并使用上面提到的风险分摊工具在国内私人资助上创造杠杆。这种基金是非政府组织的一种金融机构，2011年《联合国气候变化框架公约》（UNFCCC）COP17（德班会议）时正式发起，机构地址设在韩国。27个成员国至今已经给绿色气候基金贡献了99亿美元。绿色气候基金的目标是资助半数的缓和与适应项目。在适应项目上，50%会拨给最脆弱的那些国家（最不先进的国家、发展中的半岛小国以及非洲国家）。绿色气候基金就像一个"批发"组织，它不自己引入项目，只把基金分给地区、国家或本土银行和投资基金，不管是公共资助还是私人资助。

设置良好的测算和证券组合去碳化手段

除了在低碳项目之后使用金融工具降低合作金融人员的

[①] 想了解更多，参见艾曼纽埃尔·法贝尔和杰·奈杜（Emmanuel Faber et Jay Naidoo）完成并上交法国外交部的报告，《通过调动参与者实现革新：援助发展新方法的10条提议》，2014年。

风险，公共开发银行可以在绿色项目的标签化和资本引流好方法的传播上扮演关键的角色。因此它们应该在它们资助的所有基础设施建设中融入抗冲击维度和气候变化适应性，就像 G7 在 2015 年 6 月要求的那样①。它们还有一个需要担负起的职责，就是开发稳健的方法来核算适应性和抗冲击性，这些方法接下来可以给私人投资者们投入使用。

开发银行也可以在取消化石能源上更加主动，禁止自己资助任何涉及化石能源开采和生产的新项目，特别是煤炭。它们可以在目前证券投资组合中已有项目里获取先机，以着手叫停或朝着更低碳的生产方向过渡。

让货币创造和公共资助直接导向绿色产品

我们已经在第 4 章中看到，必须把货币政策的杠杆交还国家。货币创造应该被引导着服务于全局利益，而生态能源过渡就是属于全局利益。我们已经说过，国家也应该找回预算杠杆。预算操控余地应该在国家的各个梯级上（中央、地方集体、公共企业）得到调节，这样才能促进能源过渡。

---

① "我们保证将气候缓和与抗冲击的考量包含进我们的发展援助和投资决策中"，G7, 2015 年 6 月宣言。

滥用货币权力的风险

我们这里又要与恶魔重遇，也就是特纳勋爵在他的作品《债与魔之间：钱、信贷和全球金融调整》[1]（*Between Debt and the Devil: Money, Credit, and Fixing Global*）中提到的恶魔，它在德意志联邦银行的所在地也有出现。毕竟谁来保证国家不会滥用它的货币和预算权力呢？要如何保证？有两种风险。第一个风险是看到政府运转起印钞机，顺应大家的美好愿望，不再服务于全局利益，而只是掌权团队的利益，让步于收买选民话语权的诱惑，从不拒绝他们的要求。第二个风险是货币创造太快且定位不良，引起通货膨胀，这种情况会分领域出现，或者是在经济全力运转的局面下，如今确实是一种潜在风险。

为了避免选票主义的货币创造滥用，马斯特里赫特条约[2]（traité de Maastricht）和欧洲中央银行条例中提出，货币创造应该独立于政府，归根结底就该"独立"。这个观点依托于货币主义学说。根据该学说，货币是中立的，实际上推荐货

---

[1] 阿代尔·特纳：《债与魔之间：钱、信贷和全球金融调整》（*Between Debt and the Devil: Money, Credit, and Fixing Global*），普林斯顿，普林斯顿大学出版社，2015年。

[2] 参见《欧盟运行条约》第130条。

的技术性管理（简单地遵守着一些规则，比如泰勒规则①）。然而，如今我们只能看到欧洲中央银行不是真的独立。它与金融势力关联，由于历任行长的缘故，不管是现任欧洲央行行长、前任高盛银行（Goldman Sachs）行长马里奥·德拉吉（Mario Draghi），还是法兰西银行行长、法国巴黎银行（BNP Paribas）前任副总经理（directeur général délégué）弗朗索瓦·维勒鲁瓦·德·加洛（François Villeroy de Galhau）。

在我们看来，最好能重置这种独立的原则和执行方式，但别再次陷入权力得不到足够控制、滥用货币政策的风险。在那些非常结构化的国家里，如法国，这并非很难达到。央行领导者的任命方式应该与他们在视角和决策上的独立性对应起来（邻近私人金融部门，长期委任）。央行也应当提出自己的政策，不需要其他参考，只以总原则作为参考系。我们可以想象把货币政策交给议会采纳和管控，有点类似司法。这样央行将不会彻底独立于政府，而直接影响的风险又能减少。这样的部署不应该取消政府在确立和执行经济计划上的责任，经济计划里必然包括货币层面。预算和货币协作长久

---

① 参见盖尔·吉罗：《金融幻觉》（*Illusion financière*），塞纳河畔伊夫里，工作室出版社，2014年，第119页：货币当局使用的名义利率根据泰勒规则与观察到的通货膨胀和通货膨胀目标之间的差值正相关，也与观察到的增长和潜在增长之间的差值正相关。

以来被视为良好宏观经济政策的关键之一。

对货币工具的使用进行民主管控并不是将之与政治分开的完美答案,而是"除了所有其他选项之外最糟的",就像丘吉尔论民主时所说的。这也是一种将之与社会重新联系起来的方式。通过全社会民主选举出来的那些人,和德国社会学家沃尔夫冈·施特雷克[①](Wolfgang Streeck)观点一致,我们认为,把经济重新放到政治讨论的核心是一种使已经大范围脱离秘密写票室(isoloir)的西方社会重新政治化的方式。民主机构应当变得足够坚固,才能规范政府货币政策的使用;这是法国和欧洲的情况。

优先将货币作用于能源过渡

滥用货币权力的问题探讨完之后,第二道障碍是,货币工具被大肆用于不能算进能源过渡范畴或未将能源过渡纳入考虑的对象上。我们已经提到很多将资本向着能源过渡引导的措施:规范、管制、碳价信号、税收。还可以增加将货币和预算使用朝向能源过渡项目的箭头路标。

预算政策可以服务于能源过渡,在公共市场竞标和成交程序中登记绿色标准。任何公共项目的碳影响都应该成为项

---

① 参见沃尔夫冈·施特雷克(Wolfgang Streeck):《买下的时间》,巴黎,伽利玛出版社,2014年。

目决策的标准，和货币成本一样常规。与提出的税收、核算和金融激励政策结合，碳影响应该是一个决定项目资助条件和收益率的标准。其他标准也应当确立，分项目类型模块化，根据它们的适用性：对生物多样性的尊重和维护、自然资本重组、项目的循环经济品质（减少使用、再利用和回收自然资源）。公共核算的这一块范畴与低碳路线的定义有关，来决定和下放到国家的所有梯级。

项目在排放量上的真实表现也应该受到跟踪和证实，跟支出相对于预算受到控制一样，好在必要的时候跟踪并调整能源过渡路线。这意味着要开发相应指标，全社会（政府工作人员和参与竞标的私人企业）要掌握它们的用法。

在资助项目的银行和机构层面上支配这些指标也必不可少。所有公共银行将必须在它们的资助中使用绿色指标，并且它们的年报和活动记录中应该包含它们的证券投资组合在能源过渡上的表现的详细核算（就像 2015 年 5 月能源过渡法第 173 条预测的那样）。

最后，欧洲中央银行的货币政策可以导向能源过渡，正如尼古拉·于洛基金会在 2016 年 5 月做的题为《为绿色量化宽松·让货币创造服务于公共福祉》[1] 的报告中所说。我们提

---

[1] 尼古拉·于洛自然与人基金会：《让货币政策服务于未来》，fondation-nicolas-hulot.org，2016 年 5 月 31 日。

议改变目前欧洲中央银行的资产收购政策（第 4 章提到过），我们解释过为何它不足以复兴经济，取而代之的应该是货币工具的使用，以资助公共投资银行，服务于能源过渡。

欧洲中央银行不该再像现在这样在二级市场上收购公共资产（也就是从金融参与者那里收购，光 2015 年就达到 6000 亿欧元），而是直接[①]贷款给欧洲和国家公共银行[②]，零利息，长期（20～30 年）。这种新资金来源将会以多年期限量的形式打包发放。当然这样的货币创造用法基于鼓励政策和经济转型。因此它并不是要无限期持续下去或者代替本来也应该为能源过渡做贡献的私人资助，而是要带动如今衰退的私人资助，暂时减轻市场失灵，让经济应该迈进的新方向对经济参与者们清晰可见。

从欧洲中央银行的货币创造中获益的公共银行接下来就要资助各国（及其运营商们）、地方集体、公共和私人企业提出的投资项目。这些项目应该符合预先确立的入选资格标准（critère d'éligibilité），重点是实现与人道主义和生态重新挂钩的价值，以创建 21 世纪新经济。干预手段（零利息贷款或贴

---

① 《里斯本条约》第 123-2 条针对再资助交易，也就是说由欧洲中央银行为公共信贷机构供应流动资金，这样欧洲中央银行就会像私人信贷机构一样从同样的手续中获益。

② 在法国可以是信托局、公共投资银行甚至邮政银行。

息贷款、本金入股、补贴、公共担保入股等）将适应于项目的收益及其生态和社会影响。

在公共银行之中，专门为引入和领航能源过渡交易而配置的部门将得到清楚的认证，以确保从欧洲中央银行货币创造中获益的项目在最大限度上的可追溯性。

从会计核算的角度讲，就是要让这些能源过渡投资摆脱"马斯特里赫特意义上的"赤字计算，比如把它们当作企业核算中的固定资产处理，在待确定的期限里对它们进行投资逐步回收[1]。同时还要让投资计划孤立于公共负债计算，因为零收益不会加重债务，何况它是以很长的期限发行的（20年或30年，在某些情况下甚至更久）[2]。此外，这些投资会为政府产生财政收入（通过减少失业和对新型活动扣税），因而能促进国家预算回归收支平衡。

---

[1] 这类提议的例子如奥利维耶·布朗夏尔（Olivier Blanchard）和弗朗切斯科·贾瓦兹（Francesco Giavazzi）写的经济分析委员会报告《改革稳定与增长公约》，2004年12月。

[2] 这一点上要注意，欧盟委员会主席让-克劳德·容克（Jean-Claude Juncker）已经朝着这个方向开拓了道路，使支持国家贡献的处理方案得到欧洲基金的采纳，形成战略投资（按欧洲投资计划分配资助，这就是所谓的容克计划）。这些国家贡献"将不会被计入预算调整"且"被不遵守负债标准的检查排除在外"。即使涉及金额不大，这也很好地证明了规则永远可以成为被阐释的对象（欧盟委员会：《稳定与增长公约：委员会发布以支持结构性改革和投资为目标的指导方针》，2015年1月13日）。

最后说一下巴普蒂斯特·佩里森·法贝尔（Baptiste-Perrissin Fabert）设计的提案。这个提案出现在他的一篇论文中，论文导师是环境与发展国际研究中心（Cired, Centre international de recherche sur l'environnement et le développement）前主任让-夏尔·乌赫卡德[1]（Jean-Charles Hourcade），论文在巴黎气候大会协商中完成，经由米歇尔·阿耶塔[2]（Michel Aglietta）和艾锡安·埃斯帕涅[3]（Etienne Espagne）答辩与展开。先是法国，再是经济合作与发展组织（OECD）各国，可以创建一个或多个基金，发行"气候债券"，引导私人储蓄，随着项目的顺利实施和温室气体排放量显著减少，它将使碳排放执照资本化。这些执照将享有与碳守护价值等高的公共担保，如今已确立在每吨二氧化碳当量30欧元，在2030年将达到每吨二氧化碳当量100欧元，也就是每吨二氧化碳当量45欧元的贴现价值。这将能够减少公共预算

---

[1] 巴普蒂斯特·佩里森·法贝尔：《"碳的社会价值"和低碳过渡资助》，巴黎高科（Paris-Tech），2014年。

[2] 参见米歇尔·阿耶塔，米歇尔·阿耶塔（Michel Aglietta）与佩皮塔·乌尔·阿梅德（Pepita Ould Ahmed）、让-弗朗索瓦·蓬索（Jean-François Ponsot）合著，《货币：债与主权之间》，巴黎，奥迪勒·雅各布出版社，（Odile Jacob），2016年，第198页及后续。

[3] 参见法国战略：《资助欧洲低碳投资的提议》，strategie.gouv.fr，2015年2月16日。

成本微薄的低碳投资的风险系数。启用公共担保，让国家为排放执照付费，这一招只能在项目失败时动用。公共预算的净核算，由于新创造出的经济活动，将会是正数。

多种杠杆可以被用于大范围引导资本流向能源过渡。交给开发银行，尤其是多边开发银行的委托，可以通过重审来激励它们优先着手于"气候"资助，让开发银行在所做的项目中承担更多的风险，特别是更大范围地为私人投资者担保风险。如此，一部分发达国家的储蓄就能投入发展中国家的能源过渡项目，发展中国家因而可以更快得到发展，同时与发达国家的金融家们一起分享项目收益。

作为本章的总结，我们认为有许多条路径，在唯一的一种前提下它们才是可以设想且可能的，就是国家政府重新找回不再有的货币政策控制权和预算操控余裕，这样才能管制并立法，以长期视角布置战略。

我们现在要在一个路线图中逐条陈述这些措施本身，让这场对抗气候变暖的斗争及其资助从现状升级到在一个民主社会计划的框架里实行真正的生态能源过渡。

结论

为生态能源过渡发起大规模资助的具体建议路线图

在本书结尾,我们会给出一个路线图,上面是为了让经济快速实现低碳过渡同时保持繁荣所必须实行的措施,还有适应过渡的一些新的严格管理路径。我们再次着重强调,生态过渡是能让社会得以维持下去的唯一计划,它能重新给经济生活带来方向,使之摆脱萧条。

规范银行和金融业

私人资本收益应该得到限制,以稳定金融部门,重建长期私人投资能力,使能源过渡资助变得相对来说更有吸引力。主要的实施方法是平行银行部门管制、商人银行和储蓄银行分开、银行最低资本充足率20%硬指标(目前只有5%)、以引导贷款为目的的存款准备金比率模块化使用以及金融交易税的设置。

让自然的侵害者付费

自然不会让人为它供应的服务付款,也不会为了它所遭受的损失向人们追讨罚金,因此公众利益的担保人必须在经济参与者们的账目上引入这些服务和损失的成本。实行信号价格，价格关联因素除了有温室气体排放量（碳价信号），还有当地污染、森林砍伐或碳汇毁坏以及对生物多样性的违背。关于二氧化碳排放量，碳价信号应该以渐进的方式实行，根据领域和世界地区有所差异。它应该伴随转产和竞争力支持政策，基于瑞典模板。信号价格是引导资本流向能源过渡的主要因子，因为它能使能源过渡投资收益提高，同时惩罚其他的表现。与之平行的是，对于化石能源的支持应该逐渐撤销，相应的公共基金进行重新引导。

提高过渡项目的相对收益

银行和金融投资者们对含碳能源及其使用的资助应该被劝止。相反，他们应该被激励着资助能源过渡项目。除了关乎项目本身的工具（补贴、分期偿还期限、融资租贷合同等），使用方式是修正银行管制：存款准备金比率的调制，以及银行（巴塞尔协议III）和保险公司（偿付能力2）审慎管理中的风险加权系统，为了优待能源过渡项目，使含碳项目处于劣势。

使公共政策的总体框架与资助过渡事业兼容

国内生产总值的补充指标应该出台，以测算各国在碳足迹、生物多样性、资源管理乃至就业和社会不平等问题上的推进程度。所有公共预测模型应该将气候和能源挑战纳入考量。宏观经济模型应该为公共决策提供关于经济去碳化流向控制的情报。公共市场应该包含根据这些指标制定的项目绩效标准。

利用货币融资并将之导向能源过渡

在法国和欧洲其他国家，目前被用来支撑金融资产价格（货币宽松政策或者欧洲中央银行的量化宽松）的货币融资应当重新定位，以资助公共开发银行（欧洲投资银行，以及在法国的公共投资银行、信托局、邮政银行等）。它们会把货币融资用于资助具备拉动能源过渡效应的优先项目，并采用一个贴息率。优先权要根据政治背景和生态挑战进行定义：生态系统的保护和修复、农业政策改革、公共建筑热能改造、低碳住宅建设、低碳能源。这样的公共资助将作为催化剂：一旦项目启动，私人资助就会尽可能多地被吸收进来，并且到了项目生命的最终阶段有可能完全取代公共资本。公共资助将被激励着使用全套现存的风险管理工具（保证金、保险等），以确保私人部门可以在希望的项目上投资。

在国际范围内,多边开发银行应该增加促进生态能源过渡的融资活动

法国开发署已经把半数投资贡献给能给气候带来好处的交易资助。多边开发银行的各个股东国应该改变多边开发银行的委任状,让它们可以承担起更多的风险,通过公共和私人资助贷款给交易国。在私人资助的情况下,它们应该在项目中承担更多风险,更好地辅助私人投资者,特别是在政治风险和可兑汇性风险上。这是必不可少的,贫困国家得以资助一部分适应性项目,发展中国家总体来讲可以得到资助,这些资助让它们可以走上低碳发展的道路。

联合国,国际能源过渡管理的表率

在各国的层面上,联合国的机构是能源过渡的表率。195个国家在12月签署《巴黎协定》,这在相当程度上强化了《联合国气候变化框架公约》(UNFCCC)的职责和跨政府气候变化委员会(IPCC)的权重。联合国环境署(UNEP)管理生物

多样性和生态系统服务政府间平台[①]（IPBES, Intergovernmental Platform on Biodiversity and Ecosystem Services），这个平台相当于生物多样性领域里的跨政府气候变化委员会（IPCC）。在金融上，联合国环境署金融倡议（UNEP FI）是联合国环境署（UNEP）的分支，该分支负责使气候资助变得大众化。它主动与投资者们发起对话，比如促进绿色债券（green bonds 或 obligations vertes）的发行，尤其是发展中国家的政府及企业发行的绿色债券，它相当于全世界气候资助进步的观测台，发表或传播关于类似央行实行绿色管制的研究。

联合国也投身于很多气候挑战的开发项目（如重建森林项目 REDD+，很成功），这些项目引导发达国家的开发援助去支持发展中国家。联合国采纳的 2015—2030 年可持续发展

---

① 这个关于生物多样性和生态系统服务的科学政治平台是一个跨政府机关，它评估生物多样性和它为社会提供的生态系统服务的状态，回应决策者们的要求。它拥有联合国四大单位[联合国环境署（UNEP）、联合国教科文组织（UNESCO）、联合国粮食及农业组织（FAO）和联合国开发计划署（Pnud）]的支持，并受联合国环境署（UNEP）管辖。它的秘书处由德国政府提供办公地点，位于波恩联合国办公区（Campus de l'ONU à Bonn）。全世界目前有数千名科学家基于自愿给 IPBES 的研究做贡献。他们由他们的国家政府或某家机构任命，经过多学科专家讨论组 MEP（Multidisciplinary Expert Panel）挑选出来。同行评审构成了 IPBES 的关键要素，他们注重的是在研究中呈现出一系列观点，且研究应当符合最高科学标准（参见 ipbes.net）。

新目标为可持续发展拓展出很大的空间。这些都是非常可观的进展，为能源过渡带来机构性框架和测算工具。

但是联合国没有权力强制要求发达国家实行这类管制。决策阶段很不幸地也没有从规范（采纳者是基于自愿）跨越到管制（对于所有人都是义务）。《巴黎协定》的达成是基于自愿行动模式，如今在对抗气候变化上并不存在具备世界管制权力的超越国家的机构。主动且消息灵通的公民社会（civil society）在我们这些民主国家里，始终站在第一线向政府施压，让能源过渡快速达到要求的程度。

国家和公民社会在能源过渡管理中扮演的角色

我们已经着重点出了一个强势的国家政府在能源过渡启动和管理上的必要性，因为必须规划、立法、管制、规范、征税以及保护公共利益。几十年来各国在新自由主义意识形态压力下有组织地解除武装，而如今新自由主义意识形态显示出了它的失败，我们需要重新设置新的基准，要符合公民的愿望，公民既不愿意废弃也不愿意过度侵入。我们希望在能源过渡领域里定义好这种基准的设置。

值得高兴的是，非政府组织变得越来越活跃。在能源过渡领域里，公民社会扮演并持续扮演一个关键角色，把这些主题带给大众认知。非政府组织和各个协会互相传递消息并通知、辩论、碰头、提案。然而它们必须得到更多援助，尤其当条件不利，预算存在多方限制，公共补贴更要跟上。这些非政府组织不仅在本国范围内活动，也会跨国结盟，承担起能源过渡的特定挑战：世界城市联手[1]加入对抗气候变化之战，投资者组队使证券投资组合去碳化［蒙特利尔碳担保（Montréal Carbon Pledge）或者投资组合去碳同盟（Portfolio Decarbonization Coalition）］，企业和银行联手带来碳价反射（碳定价领导联盟，Carbon Pricing Leadership Coalition）。这些运动的出现很合理，世界上的金融和企业都不再有界限。它们很有用，让全球都意识到气候变暖，交换好的做法。本土、地区、国家和国际的行动因此变得比任何时候都更加必不可少。

---

[1] 两个国际市长协会，欧盟市长盟约（Covenant of Mayors）和联合国支持的市长公约（Compact of Mayors），在2016年6月22日携手创建了一个世界城市联盟，投身于对抗气候变化的战斗。宣言发表者有负责能源联合会的欧盟委员会副主席马罗什·谢夫卓维奇（Maroš Šefčovič）、联合国城市和气候变化特派专员迈克尔·布隆伯格（Michael Bloomberg）、《联合国气候变化框架公约》（UNFCCC）执行秘书克里斯蒂安娜·菲格雷斯（Christiana Figueres）以及负责国际关系和法语事务的巴黎副市长帕特里克·克吕格曼（Patrick Klugman）。这样的全球对抗气候变化新型城市联盟将依托于119个国家的7100座城市超过6亿人口的参与。让·鲍德里亚：《消费社会：它的神话，它的结构》，巴黎，德诺埃出版社，1970年。

站在十字路口的欧洲

欧洲在生态能源过渡中显然需要扮演一个重要的角色。但是2016年6月的英国脱欧（Brexit）公投表明，目前的欧洲各大机构在欧洲权力和公民之间创造的距离太大，太不透明。未投身世界化进程的国内留守者[用皮埃尔-诺埃勒·吉罗（Pierre-Noël Giraud）的术语来说就是"闭关者"（sédentaires）]拒绝这些机构，而"游牧者"（nomades）则更支持。总之，民主明显一边倒，游牧精英比闭关者数量少。另外，欧盟自缚于越来越行政化、管理化、会计化、金融化的架构。它身上竟然同时体现了过度行政和过度自由主义！这样怪异的结合体当然是多方角力的结果，一方面欧洲被视为一个大的开放市场，另一方面欧洲被视为要体现人道主义价值观，这两种视角加上一种谨防过度自由贸易、谨防社会和环境倾销的社会模型，于是就像鲤鱼和兔子成婚，怎么看都格格不入。

欧盟之中的决策复杂性与欧洲条约相关，但也很简单地与28个成员国的意见记录相关。这样的决策复杂性促进了独立于政治的机构创建，比行政机关更加快速、富于反应。但是这些机构不再受到民主控制，会受制于压力集团（lobbies）。想一想欧洲中央银行（它也出于一些根本理由独立于政治，参见第4章），行长曾经领导过高盛银行和欧洲食品安全局，狄安娜·巴纳蒂（Diana Banati），欧洲食品安全局前局长，在2010年成为国际生命科学学院的欧洲执行总监，这个机构集合了医药、化学、农产食品加工、化妆品等领域的主要企业家。最后，欧盟委员会本身也未能避免这样的旋转之门。它的前主席何塞·马努埃尔·巴罗佐（José Manuel Barroso）刚刚接受了高盛国际非执行主席一职，而巴罗佐时期先任欧盟竞争事务专员（commissaire à la concurrence）、继而出任欧盟数字化专员的内莉·克鲁斯（Nelly Kroes）加入了私人企业优步（Uber）的"公共政治顾问委员会"。

欧盟也被批评忙于无关紧要的小问题，如莲蓬头零售或餐厅桌子的高度。这些滥用是象征性的，但是重要的是要记得，它可以诞生于过度的自由主义：希望创造尽可能广泛的竞争空间，这样的愿望必然依托于标准的统一。这也是正在与加拿大《综合经济与贸易协定》（CETA, Comprehensive Economic and Trade Agreement）和美国《跨大西洋自由贸易协定》（TAFTA, Transatlantic Free Trade Agreement）协商中的自由交换条约的明确挑战之一。

不再有时间在这样的问题上标示暂停并让欧洲公民们清楚地认识到构建一个资本、财产和服务唯一市场以及人员自由流动的梦想正在变成噩梦。正如我们前面所说，哪怕是在被视为"至圣之所"的欧洲中央银行那里，资本的自由流通都开始为人诟病。我们在塞浦路斯继而是希腊的案例中看到如此快速移动的资本在危机时期能够做到什么：令经济双膝跪地，这依然经过发展中国家多次验证。欧洲和世界其他地方之间的商品自由交换当然产生了一些好处，比如我们可以在信息学上以最低成本组队；它也引发了欧洲部分地区非工业化。最后，人员的自由流动有着很多优点：它促进了宝贵的文化交流和具体的相异性认知，人文价值非常高。但是如何相信它能抵抗气候变化导致的增长失控的移民潮？气候变化会使非洲的部分地区变得越来越不适宜生存，而非洲本身就有着人口增长的压力。

提议重铸欧洲各机构远远超过了本书的意图。这里要强调的是，英国脱欧提出了一个根本问题，这个根本问题应该优先提出，它对欧洲至关重要。这个问题就是方向。生态能源过渡志在成为一个大型动员项目，20世纪80年代以来在集体叙事上遭遇障碍的欧洲缺的正是这样的动员项目。巴黎气候大会的杰出胜利可以由果溯因地成为它的创立明证。情况将是如此，如果公民们比现在更多地被邀请加入这场本应属于公民的过渡。当然，面对意味着永远加速的经济复苏的期待，这可能导致节奏略微拖慢。但这真的是一个问题吗，当现在正面临着关乎生死存亡的共同项目时？是时候终结《跨大西洋自由贸易协定》(TAFTA)与《综合经济与贸易协定》(CETA)以及唯一资本市场了。

是时候收起"扁平世界"的展望（多国公司梦想中著名

的公平竞争环境，"level playing field"），它被视为20世纪老观念中用来构建明日世界的经济幸福的开端和终结，基于一个计划，计划中人与自然携手，人与人能团结，竞争和财富处在它们适当的位置上，也就是服务于一个社会共同大计，生态能源过渡。我们正在横渡的这场深刻的危机，它是旧秩序的崩塌，碳秩序的崩塌，更广泛来说是自然与人捕食（prédation）秩序的崩塌。我们应该懂得及时脱身。我们有方法。我们经济的深刻变革对于减少温室气体排放、降低我们对地球和同胞施加的过度压力很有必要，并且能够达到。和一切严重危机下的状况一样，离心力增强，引起排外和政治极端主义。能源过渡的主要障碍或许就是被消费主义全方位浸淫的50年后社会上强势抬头的个人主义。让·鲍德里亚（Jean Baudrillard）从1970年起[1]就预测到这些影响。重新拥有公共财产，重建一个强势国家和主动的公民社会，这些都是让所有人能更好地生活的先决条件，形式可以与至今占优势的做法不同。不论如何都必须保留民主。能源过渡就是重建"共同家园"，这既是它的挑战，也是它的证明。

---

[1] 让·鲍德里亚：《消费社会：它的神话，它的结构》，巴黎，德诺埃出版社，1970年。

后记　一切创造都是挑衅!

帕斯卡尔·冈范，世界自然基金会（WWF）主席

2012—2014 年法国政府开发部前部长级代表

我和阿兰·格兰德让合著了两份报告。一份报告写于 2015 年，应法国总统弗朗索瓦·奥朗德要求，关于碳中立的经济资助；另一份写于 2016 年，应环境部长塞格琳·罗雅尔（Ségolène Royal）要求，让碳价向关于气候的《巴黎协定》看齐。在这两次合作中我都很欣赏阿兰，一方面是他伟大的人文品质，另一方面是他拥有的两条很难同时成立的知识分子品质：创造力和严密性。我在这本书中也看到了这些品质，这本书不屈服于任何教条，比如会质疑关于负债和货币创造的现成观点，同时提出无管制的金融会产生的有害后果和能源过渡可能的融资工具的正面影响的严密证明。

我在这本书中重新找到了我们在 2015 年的报告里开始勾勒的东西：在一份新综述中提出一系列经济政策，适应新的已知条件，也就是我们星球上的生态危机，以气候反常为象征，虽然并不仅限于此。起点很简单，我们正在锯开一个分支，一个我们从人类存在之初就一直依存其上的分支：我们

的自然资本。如果自然资本反常并消失，依托于它的经济资本也会消失。此外，一个有着4℃—5℃气候反常的世界，必然是一个混乱的世界，比如会有为数几亿的气候移民，最脆弱的那些国家大幅度回归贫困，水资源面临重大压力。简而言之，一个难以为继的世界必然是一个不稳定的世界，因而也是一个不安全的世界。

自此我们的路线图就清晰了：生态过渡或者野蛮递增。为了创造这项新的繁荣，我们需要新的视角来看待世界，新的工具来改变世界。但是很多新视角、新工具都来自一个关心地球命运的人们不太了解的领域：经济。阿兰·格兰德让是例外之一，他们这些例外之人反证了规律的存在。因此他属于将我所说的"生态宏观经济学"理论化的那一派人，他会提出与时俱进的经济和金融政策。这样的做法当然总会在这样或那样的考量上陷入论战，但是总体来看，关于具体应该做些什么，它提出了一套新的解读，在金融和银行规范上、经济资助上、往能源过渡引导的货币政策上、对抗房地产泡沫的斗争上，等等。

正如我们在2015年的报告里一起写下的，我们确实处在一个独一无二的时刻，要打破我们的经济政策僵局，生态能源过渡是必经之路，反之亦然。因此我们见证了一个巨大的悖论：储蓄很充足，货币政策创造出数万亿美元，利率近乎于零，而另一头是对抗气候反常的投资需求巨大，在清洁交通领域、可再生能源领域、能源有效利用领域、紧凑城市和智能城市领域，等等。而这两头互不相连。结果：我们的投资率越来越低（正如书中详细说明的，1990年到2013年，那些最富裕的国家的投资率从国内生产总值24%降到19%），所以就业创造减少，更高的失业率出现，同时无法满足能源过渡的明显需求，这确保我们会走向气候混乱的结局。一切都使社会凝聚力和金融稳定性同时恶化，因为中央银行的免费金钱没有落脚于实体经济，却流入了迟早会爆裂的投机泡沫。

这样的僵局会滋养各种挫折，而阿兰·格兰德让和米黑耶·马提尼的书给出了摆脱这个僵局的钥匙。所以这是一本希望之书，创造之书。正如一切真正的创造，它是一个值得欢迎的挑衅，推翻成见，开创未来。

参考文献

法国开发署:《气候:法国开发署环游世界解决方案》,项目登记,2015年1月。

米歇尔·阿耶塔,与佩皮塔·乌尔德·阿梅德和让-弗朗索瓦·蓬索:《货币·债与主权之间》,巴黎,奥迪勒·雅各布出版社(Odile Jacob),2016年。

安东尼·B.阿特金森:《不平等》,巴黎,瑟伊出版社,2016年。

马修·奥扎诺:《黑金·石油的伟大历史》,巴黎,发现出版社,2015年。

罗伯特·巴赫波:《保龄球比赛中的大象,生物多样性中的人类》,巴黎,瑟伊出版社,2006年。

让·鲍德里亚:《消费社会·它的神话,它的结构》,巴黎,德诺埃出版社,1970年。

帕特里克·布朗丹:《生物多样性·生者的未来》,巴黎,阿尔班·米歇尔出版社,2011年。

让-弗朗索瓦·布夏尔:《魔鬼银行家》,巴黎,马克思·米罗出版社(Max Milo),2015年。

多米尼克·布赫,吉尔-罗兰·雷萨克:《可持续发展·现在或永不》,巴黎,伽利玛出版社,2006年。

帕斯卡尔·冈范，阿兰·格兰德让：总统委员会报告《调动气候资助·资助去碳经济路线图》，2015年6月。

帕斯卡尔·冈范，阿兰·格兰德让，杰拉尔·梅斯特雷：《与巴黎协定看齐的碳价提议》，2016年6月。

雷切尔·卡森：《沉默之春》，巴黎，普隆出版社（Plon）；再版，马赛，野生项目出版社（Wildproject Editions），2014年。

张·夏准：《资本主义的真相》，巴黎，瑟伊出版社，2010年。

安德烈·芝蔻莱拉：《有毒星球》，巴黎，瑟伊出版社，2013年。

保罗·克拉维耶：《蚂蚁不是放贷人·关于金钱不合时宜的对话》，巴黎，萨尔瓦托出版社（Salvator），2015年。

罗伯特·科斯坦扎，加尔·阿尔佩罗维茨，赫尔曼·E.达利，乔书亚·法利，卡罗尔·弗朗哥，蒂姆·杰克逊，意达·库比柴夫斯基，茱丽叶·舒尔，皮特·维克托：《生动2050！可维系且可期望的经济项目》，巴黎，清晨出版社（Les Petits Matins），2013年。

埃杜瓦·柯丹-厄齐奥尔：《新自由主义对战天命国家·古典经济学与凯恩斯经济学之间的论战》，加普，伊夫·米歇尔出版社，2016年。

嘉瑞·迪阿蒙：《崩塌·公司如何决定它们的存亡》，巴黎，伽利玛出版社，2006年。

罗兰·艾鲁瓦：《我们的经济神话》，巴黎，关系解放出版社，2016年。

斯台芬妮·福卡尔：《制造谎言：企业家如何操控科学并使我们陷入危险》，巴黎，伽利玛出版社，2014年。

雅克·杰内赫：《雅克·杰内赫为大家讲解经济学》，巴黎，瑟伊出版社，2014年。

跨政府气候变化委员会（IPCC）：第五份评估报告，2014年。

盖尔·吉罗：《金融幻觉》，塞纳河畔伊夫里，工作室出版社，2014年。

盖尔·吉罗，塞西尔·雷努阿（导师）：《改革资本主义的20条提案》，巴黎，弗拉马里翁出版社（Flammarion），2009年。

皮埃尔-诺埃勒·吉罗：《无用之人·经济的正确用法》，巴黎，奥迪勒·雅各布出版社（Odile Jacob），2015年。

世界经济和气候委员会：《新气候经济·更好的增长，更好的气候》，巴黎，清晨出版社，2015年。

阿兰·格兰德让，加布里埃尔·加朗：《揭开面纱的货币》，巴黎，拉玛坦出版社（L'Harmattan），1997年。

阿兰·格兰德让和让·马克·扬科维奇：《就是现在！三年拯救世界》，巴黎，瑟伊出版社，2009年。

米歇尔·格里封：《喂养星球·为了双倍绿色改革》，巴黎，奥迪勒·雅各布出版社，2006年。

蒂姆·杰克逊：《无增长的繁荣·过渡到可持续经济》，布鲁塞尔，德伯克出版社（De Boeck），2010年。

史蒂夫·基恩：《经济诈骗》，塞纳河畔伊夫里，工作室出版社，2014年。

查尔斯·P. 金德尔伯格，罗伯特·Z. 阿利伯：《狂热、恐慌、崩溃：金融危机的历史》（*Manias, Panics, Crashes: A History of Financial Crises*），贝辛斯托克（Basingstoke），帕尔格雷夫·麦克米兰出版社（Palgrave Macmillan），2011年。

金默文：《炼金术的终结：钱、银行和全球经济的未来》，纽约，W.W. 诺顿＆公司出版社（W. W. Norton & Company），2016年。

伊丽莎白·柯尔贝尔：《第六灭绝·人类如何毁灭生命》，巴黎，唯贝尔出版社（Vuibert），2015年。

奥古斯丁·兰迪尔和大卫·泰斯玛：《市场大坏蛋·一个法国幻想的破译》，巴黎，弗拉马里翁出版社（Flammarion），2007年。

爱尔威·勒·特赫：《地球新气候·理解、预测、行动》，巴黎，弗拉马里翁出版社（Flammarion），2009年。

本雅明·勒穆万：《债务的秩序·政府亏损及市场财富调查》，巴黎，发现出版社（La Découverte），2016年。

约翰·R. 麦克奈尔：《太阳下的新事物·20世纪世界环境史》，塞塞勒，尚·瓦隆出版社（Champ Vallon），2010年。

德内拉·H. 梅多斯，丹尼斯·L. 梅多斯，乔根·兰德斯，威廉·W. 贝伦斯：《增长的极限：罗马俱乐部关于人类困境的报告》，纽约，Universe Books 出版社，1972 年。

德内拉·梅多斯，丹尼斯·L. 梅多斯，乔根·兰德斯：《增长限制（在一个终结的世界里）》，巴黎，棋盘路出版社（Rue de l'Échiquier），2012 年。

多米尼克·梅达：《增长的奥秘·如何从中解脱》，巴黎，弗拉马里翁出版社（Flammarion），2013 年。

玛丽-安托奈特·梅里埃，克洛伊·玛黑夏尔：《气候·过去、现在、未来》，巴黎，贝兰出版社（Belin），2015 年。

保罗·莫朗：《富凯或被惹恼的太阳》（*Fouquet ou Le Soleil offusqué*），巴黎，书页出版社（Folio），1985 年。

让-米歇尔·诺罗：《金融危机·为什么政府不作为》，巴黎，瑟伊出版社，2013 年。

埃莉诺·奥斯特罗姆：《严格管理公共财产·自然资源新方案》（*Gouvernance des biens communs. Pour une nouvelle approche des ressources naturelles*），新鲁汶（Louvain-la-Neuve），德伯克出版社（De Boeck），2010 年。

弗朗索瓦·拉什灵：《钱从哪里来》，巴黎，巴拿马出版社（Panama），2006 年。

拉格拉姆·拉扬：《危机：金融市场之上》，巴黎，苹果树出版社（Le Pommier），2016 年。

贝尔纳·萨拉尼耶:《经济无禁忌》(L'Economie sans tabou), 巴黎, 苹果树出版社 (Le Pommier), 2004 年。

贝尔纳·萨拉尼耶:《微观经济·市场失灵》(Microéconomie. Les défaillances du marché), 巴黎, 经济出版社 (Economica), 1998 年。

约瑟夫·斯蒂格利茨:《大幻灭》, 巴黎, 口袋书出版社 (Le Livre de Poche), 2003 年。

沃尔夫冈·施特雷克:《买下的时间》, 巴黎, 伽利玛出版社, 2014 年。

阿德里安·德·特里戈, 马蒂亚斯·忒波, 弗朗克·德迪约:《我的朋友是金融!弗朗索瓦·奥朗德如何向银行家折腰》(Mon amie c'est la finance ! Comment François Hollande a plié devant les banquiers), 蒙鲁 (Montrouge), 巴亚出版社 (Bayard), 2014 年。

阿代尔·特纳:《债与魔之间:钱、信贷和全球金融调整》, 普林斯顿, 普林斯顿大学出版社, 2015 年。

生动经济学 (Vivid Economics):《资助绿色增长》, 2014 年。

米歇尔·沃尔:《E 经济》(E-conomie), 巴黎, 经济出版社 (Economica), 2000 年。

让·帕斯卡尔·凡·伊波赛尔:《气候干扰中心的一生》, 新鲁汶 (Louvain-la-Neuve), 德伯克出版社 (De Boeck), 2015 年。

参考网站

www.ipcc.ch

www.manicore.com

https://alaingrandjean.fr

www.chair-energy-prosperity.org

www.ellenmacarthurfoundation.org

www.unepfi.org

www.bernardguerrien.com

绿色发展通识丛书 · 书目

01 巴黎气候大会 30 问
［法］帕斯卡尔·坎芬　彼得·史泰姆／著
王瑶琴／译

02 大规模适应
气候、资本与灾害
［法］罗曼·菲力／著
王茜／译

03 倒计时开始了吗
［法］阿尔贝·雅卡尔／著
田晶／译

04 古今气候启示录
［法］雷蒙德·沃森内／著
方友忠／译

05 国际气候谈判 20 年
［法］斯特凡·艾库特　艾米·达昂／著
何亚婧　盛霜／译

06 化石文明的黄昏
［法］热纳维埃芙·菲罗纳-克洛泽／著
叶蔚林／译

07 环境教育实用指南
［法］耶维·布鲁格诺／编
周晨欣／译

08 节制带来幸福
［法］皮埃尔·哈比／著
唐蜜／译

09 看不见的绿色革命
[法] 弗洛朗·奥噶尼尔　多米尼克·鲁塞 / 著
黄黎娜 / 译

10 马赛的城市生态实践
[法] 巴布蒂斯·拉纳斯佩兹 / 著
刘姮序 / 译

11 明天气候 15 问
[法] 让-茹泽尔　奥利维尔·努瓦亚 / 著
沈玉龙 / 译

12 内分泌干扰素
看不见的生命威胁
[法] 玛丽恩·约伯特　弗朗索瓦·维耶莱特 / 著
李圣云 / 译

13 能源大战
[法] 让·玛丽·舍瓦利耶 / 著
杨挺 / 译

14 气候变化
我与女儿的对话
[法] 让-马克·冉科维奇 / 著
郑园园 / 译

15 气候地图
[法] 弗朗索瓦-马理·布雷翁　吉勒·吕诺 / 著
李锋 / 译

16 气候闹剧
[法] 奥利维尔·波斯特尔-维纳 / 著
李冬冬 / 译

17 气候在变化，那么社会呢
[法] 弗洛伦斯·鲁道夫 / 著
顾元芬 / 译

18 让沙漠溢出水的人
[法] 阿兰·加歇 / 著
宋新宇 / 译

19 认识能源
[法] 卡特琳娜·让戴尔　雷米·莫斯利 / 著
雷晨宇 / 译

20	认识水
	［法］阿加特·厄曾　卡特琳娜·让戴尔　雷米·莫斯利／著
	王思航　李锋／译

21	如果鲸鱼之歌成为绝唱
	［法］让-皮埃尔·西尔维斯特／著
	盛霜／译

22	如何解决能源过渡的金融难题
	［法］阿兰·格兰德让　米黑耶·马提尼／著
	叶蔚林／译

23	生物多样性的一次次危机
	生物危机的五大历史历程
	［法］帕特里克·德·维沃／著
	吴博／译

24	实用生态学（第七版）
	［法］弗朗索瓦·拉玛德／著
	蔡婷玉／译

25	食物绝境
	［法］尼古拉·于洛　法国生态监督委员会　卡丽娜·卢·马蒂尼翁／著
	赵飒／译

26	食物主权与生态女性主义
	范达娜·席娃访谈录
	［法］李欧内·阿斯特鲁克／著
	王存苗／译

27	世界能源地图
	［法］伯特兰·巴雷　贝尔纳黛特·美莱娜-舒马克／著
	李锋／译

28	世界有意义吗
	［法］让-马利·贝尔特　皮埃尔·哈比／著
	薛静密／译

29	世界在我们手中
	各国可持续发展状况环球之旅
	［法］马克·吉罗　西尔万·德拉韦尔涅／著
	刘雯雯／译

30	泰坦尼克号症候群
	［法］尼古拉·于洛／著
	吴博／译

31	温室效应与气候变化	
	[法]斯凡特·阿伦乌尼斯 等/著	
	张铽/译	
32	向人类讲解经济	
	一只昆虫的视角	
	[法]艾曼纽·德拉诺瓦/著	
	王旻/译	
33	应该害怕纳米吗	
	[法]弗朗斯琳娜·玛拉诺/著	
	吴博/译	
34	永续经济	
	走出新经济革命的迷失	
	[法]艾曼纽·德拉诺瓦/著	
	胡瑜/译	
35	勇敢行动	
	全球气候治理的行动方案	
	[法]尼古拉·于洛/著	
	田晶/译	
36	与狼共栖	
	人与动物的外交模式	
	[法]巴蒂斯特·莫里佐/著	
	赵冉/译	
37	正视生态伦理	
	改变我们现有的生活模式	
	[法]科琳娜·佩吕雄/著	
	刘卉/译	
38	重返生态农业	
	[法]皮埃尔·哈比/著	
	忻应嗣/译	
39	棕榈油的谎言与真相	
	[法]艾玛纽埃尔·格伦德曼/著	
	张黎/译	
40	走出化石时代	
	低碳变革就在眼前	
	[法]马克西姆·孔布/著	
	韩珠萍/译